U0129159

戲曲敘事論述集

附劇本二種

侯雲舒 著

文史哲學術叢刊
文史哲出版社印行

國家圖書館出版品預行編目資料

戲曲敘事論述集附劇本二種 / 侯雲舒著. -- 初
版. -- 臺北市：文史哲，民 102.03
頁；　公分（文史哲學術叢刊；22）
參考書目：頁
ISBN 978-986-314-097-9（平裝）

1.中國戲劇　2.戲曲評論

982　　　　　　　　　　　　　102005619

文史哲學術叢刊　22

戲曲敘事論述集附劇本二種

著　　　者：侯　　　雲　　　舒
出 版 者：文　史　哲　出　版　社
http://www.lapen.com.tw
e-mail：lapen@ms74.hinet.net
登記證字號：行政院新聞局版臺業字五三三七號
發 行 人：彭　　　正　　　雄
發 行 所：文　史　哲　出　版　社
印 刷 者：文　史　哲　出　版　社
臺北市羅斯福路一段七十二巷四號
郵政劃撥帳號：一六一八〇一七五
電話886-2-23511028・傳真886-2-23965656

實價新臺幣二八〇元

中 華 民 國 一〇二 年 （2013） 三 月 初 版

戲曲敘事論述集

── 附劇本二種

目　　次

研 究 篇

壹、戲曲評點作品中的敘事觀

一、前　言

　　戲曲評點是古典戲曲理論作品中一項特有的存在，它的形式多變，自由靈活，黏附於作品本身做近距離的鑑賞與討論，並且能直接進入作品的優劣之處給予立即的品評。正因為在評點形式上充滿著機動性，所以使得它成為明中期以後戲曲敘事理論作品中極具特色的一種形式。

　　評點做為一種文學批評的形式，原本便是讀者在閱讀作品時的一種心得，記錄下來成為隨筆，將心領神會處附於作品之上，張潮曾云：「觸目賞心，漫附數言於篇末；揮毫拍案，忽加贅語於幅餘。或評其事而慷慨激昂，或賞其文而咨嗟唱嘆，敢謂發明，聊抒興趣，既自怡悅，願共討論。」[1]由原先的自我抒發進而推為共同討論，它的作品範圍日益擴大多元化，因此舉凡詩文、小說、戲曲都產生了許多評點本，這其中尤以小說、戲曲的評點在文學批評的領域中展現不容忽視的成就。而「敘事」亦是戲曲將故事呈現出來的主要手段，

1　張潮《虞初新志・凡例》，收於史仲文主編《中國文言小說百部經典・卷 24》，頁 8060。北京：北京出版社，2000。

以戲曲評點作品而言，敘事可分為兩種層面，其一為戲曲作家原本對故事剪裁所形成的敘事面貌，其二則為戲曲評點家希望劇作者所呈現的理想敘事形式，本文即針對後者來檢視評點家在戲曲評點作品中所展現的敘事觀為何種樣貌。

二、戲曲評點家的特殊位置

戲曲評點，一般而言以明代中期以後漸次興盛，由於此時各書坊印刷技術的精進，配合上小說戲曲的創作，在明代出現了大量的作品，因為評點是依附於作品而生，往往經過名家評點的作品，在銷售上比未經評點者要好，因此使得此時期評點的名家輩出，在戲曲方面如李贄、王思任、沈際飛、茅氏兄弟、陳繼儒、孟稱舜、金聖嘆、毛氏父子、吳吳山三婦、孔尚任等均採用了評點做為他們評論戲曲作品時抒發觀劇心得的便捷形式。大致而言，在金聖嘆之前，戲曲評點上承其他文類評點的樣式，屬於「點悟式」批評，其缺點在於零散支離，缺乏整體批評系統及結構[2]，明代中晚期的戲曲評點大都屬於這一類，這是因為戲曲評點最初由於李贄的推廣，將原來評點詩歌、散文的方法運用於批評戲曲作品之上，因此初期的戲曲評點在這個基礎上較為接近於詩文評點的方

---

2 郭瑞在《金聖嘆小說理論與戲劇理論》一書中曾針對歷來學者批評中國評點作品所具有的缺點整理出三種傾向：一、評點是一種「點悟」式的批評，只具有感性的、經驗的內容，而缺乏理性及科學性。二、包括評點在內的中國古代文論處於經驗層次或較低的理論層次。三、評點支離破碎，無系統性可見，因而很難說有什麼理論價值。北京：中國文聯出版公司，1993。

式，如王思任、茅氏兄弟、陳繼儒、沈際飛，孟稱舜等。由於原始的評點方式可以說是一種讀書筆記的類型，因此如果以嚴格的「理論系統」來檢測，自然無法得到滿意的答案。而且評點的特色重在直觀，因此較爲零散片斷的批評方式是可以理解的。然而就在這零散片斷之間仍藏著許多充滿見地的想法與觀念，只是這些評點家們缺少一種自覺性的理論系統的追求罷了。

不過儘管他們的評點形式較爲零散，若細究其內容，每一位評點家大致仍有他們所側重的觀念。戲曲評點由詩文的評點方法中漸次推陳出新，在原有的眉批、尾批、旁批、題下批、夾批等方法上，又加入讀法、總評、段評、序跋、題識、凡例、題詞、集評、音釋等等形式，到了金聖嘆所批點的《西廂記》問世之後，戲曲評點可以說發展成爲一種異於詩文評點的新型態，他提出了「六才子書」的觀念，將小說《水滸傳》、戲曲《西廂記》與《莊子》、《離騷》、《史記》、《杜詩》等文學與史學的經典並列，除了表現他個人對於經典作品不凡的眼光及見識外，也將小說及戲曲這兩種原不被文人們所正視的文學體式加以提昇，並且在評點的形式上創出屬於他自己的獨特樣貌來。日本學者青木正兒於其所著之《清代文學評論史》一書第十章〈戲曲評論〉中指出：

> （金聖嘆）以前，明代的戲曲小說評點，大體皆在文的妙處打圈點，促進讀者的注意，並加上簡單的批語。這是應用當時流行的時文，即科舉答案文章，或古文的評點法。至金聖嘆始將之擴充，採取首先在「讀法」中記述全書總論，接著每篇皆先下概論，然後進

> 入本文，逐一指摘其用筆之妙的方法，其綿密有如註
> 釋古典。然而，才子書的企圖所在是：欲將此等戲曲、
> 小說的文學價值，和《莊子》、《楚辭》、《史記》等古
> 典置於同等地位。[3]

　　只不過金氏並未能完成他將六部經典加以評點的雄心壯
志，因他的遇難，徒然留下了「莊、騷、馬、杜竟何如」的
遺憾。雖然如此，金氏僅留下的兩部評點作品，卻使得評點
擺脫了原有如散玉碎金的批評方式，成為一種有組織、有系
統的格局模式，後來如毛氏父子等競相追隨，使得戲曲評點
成為一種獨特的文學批評形式，也因為它是一種訴諸直觀感
受的批評，因此評點者常大量投注自我的思想理念及情感好
惡於其中，故而它能反射評點者的內心世界，使得評點具有
非常濃重的個人色彩。

　　評點既然充滿著評點者的個人色彩，但如果細繹其內容
可以發現，評點家們不但是敘事作品的評論者及鑑賞者，亦
是讀者的「導讀人」及「伴讀人」。他們在評論作品時，往往
除了批評文本的優劣外，還抒發己志，甚或見到不滿意處，
又轉為二度創作者，代原作者對作品加以刪改修正。因此評
點家在面對敘事作品時，他的角色及位置是多元且變動的，
而非僅具一端而已。在《出像評點忠義水滸全傳》之〈發凡〉
中有言：

> 書尚評點，以能通作者之意，開覽者之心也。得則如
> 著毛點睛，畢露神采；失則如批頰塗面，污辱本來，

---

3 青木正兒著，陳淑女譯《清代文學評論史》，頁 206。台北：開明書店，
　1968。

非可苟而已也。今於一部之旨趣，一回之警策，一句
一字之精神，無不拈出，使人知此為稗家史筆，有關
於世道，有益於文章…如按曲譜而中節，針銅人而中
穴，筆頭有舌有眼，使人可見可聞，斯評點所貴者耳[4]。

點家正是站在作者、讀者之間，以其自身對於作品的解
釋，做為二者之間溝通的鎖鑰，因此評點家的位置是變動的，
他常常游走於三者之間。

做為評點家，為了表現評者自身閱讀不凡的手眼，因此
他們積極的介入作品之中，將其中隱含的微言大義加以條分
縷析，透過他們的眼睛，將原本紛亂的敘事手法加以整理消
化，並明白的揭示給讀者，使讀者不致入寶山而空手回，金
聖嘆曾明白指出：

> 僕幼年最恨「鴛鴦繡出從君看，不指金針度與君」之
> 二句，謂此必是貧漢自稱王夷甫口不道阿堵物計耳。
> 若果知得金針，何妨與我略度？今日見《西廂記》，
> 鴛鴦既繡出，金針亦盡度。益信作彼語者，真乃脫空
> 謾語漢。
> 僕幼年曾聞人說一笑話云：昔一人苦貧特甚，而生平
> 虔奉呂祖。感其至心，忽降其家，見其赤貧，不勝憫
> 之，念當有以濟之。因伸一指，指其庭中磐石，燦然
> 化為黃金，曰：「汝欲之乎？」其人再拜曰：「不欲也。」
> 呂祖大喜，謂：「子誠如此，便可授子大道。」其人曰：

4　李贄原著，李超摘編，《出像評點忠義水滸全傳評語批語摘編》，頁
　208。收於張建業等編《李贄全集注·卷 19》北京：社會科學文獻，
　2010。

> 「不然！我心欲此指頭耳。」僕當時私謂此固戲論耳。
> 若真是呂祖，必當便以指頭與之。今此《西廂記》，便
> 是呂祖指頭，得之者處之遍指，皆作黃金。[5]

　　因此評點家要做的是讀者的閱讀指導人，將敘事作品中的種種精妙處告訴讀者，而也使讀者在評點家的指導之下，得見其手眼的高明與獨到。更有甚者，評點家也可以用他們的慧眼得見原來作者也未必盡知的隱藏結構[6]。評點家有時為了表現自我見識的不凡，會自行對原作加以刪改修正，此以金聖嘆為嚆矢。金氏將原來五本的《西廂記》以己意刪去了最後一本，並戲稱其存在猶如「下半截美人，亦大可嗤已。」[7]為了使文本符合他個人的審美要求，他化身為二度創作者，並認為「聖嘆批《西廂記》是聖嘆文字，不是《西廂記》文字」，他把重新詮釋組合的《西廂記》視為我之西廂，完成他個人「人生如夢」或「空」、「無」的審美嗜好。

　　由於評點學基本上可以說是一種詮釋學或讀者論[8]，因此評點家們往往積極的扮演伴讀的角色，他們視讀者為一心靈

5　金聖嘆（批改）王實甫（原著），《金聖嘆批本西廂記》讀法第二十三、二十四，頁 15。上海：古籍出版社，1986。

6　楊義曾指出：「中國敘事文學中帶有禪味的地方是不少的，評點家往往不是見拈花而僅僅微笑而已，他們往往站出來，於"不立文字"之處非常著相地議論著"微妙法門"」。《中國敘事學》，頁 384。北京：人民出版社，1997。

7　金聖嘆（批改）王實甫（原著），《金聖嘆批本西廂記》卷五續之一，頁 275。上海：古籍出版社，1986。

8　以楊義對於中國評點的理解認為，中國的評點形式在很大程度上，是一種閱讀學或讀者學，它是評點家反覆閱讀的結果，又成為其後的讀者開卷閱讀的先導。因此，閱讀與詮釋是評點構成的兩大支柱，亦是必要條件。參見《中國敘事學》，北京：人民出版社，1997。

共享的朋友，在書中加入評論，甚至單方面與讀者交談，以期能引領讀者認同甚而進入他們的思想世界。正如楊義所言：

> 在精神共享的閱讀狀態中，評點家為讀者提供了智慧、情感和心理體驗相互撞擊的多重對話系統。評點家是思路活躍而健談的讀書人，他伶牙俐嘴，指點排調，對書中人物極盡欣羨和調侃、同情和嘲諷之能事；有時他又把作者拉出來，奉承幾句，或捉弄幾句，到了一定的時機，評點者本人也現身說法，當場表演一番。[9]

因此評點家就在「作者、讀者、評論者」三種位置上轉換遊走，並期許經由他們手中所評點過的經典作品能為大家所共享並接受。關於這點，金聖嘆於批點《西廂記》之〈讀法〉中曾有言：

> 天下萬世錦繡才子讀聖嘆所批《西廂記》，是天下萬世才子文字，不是聖嘆文字。」[10]
>
> 總之，世間妙文，原是天下萬世人人心裡公共之寶，絕不是此一人自己文集。」[11]

因此當評點家費盡心思閱讀後所完成的評點作品，一旦公諸於讀者眼前，讀者能隨之進入另一種閱讀視野，而達到讀者、作者、評點者三種不同位置卻又能彼此心靈共享的境界。

9　楊義《中國敘事學》，頁 388，北京：人民出版社，1997。
10　金聖嘆（批改）王實甫（原著），《金聖嘆批本西廂記》，讀法第七十二，頁 21。上海：古籍出版社，1986。
11　金聖嘆（批改）王實甫（原著），《金聖嘆批本西廂記》，讀法第七十二，頁 22。上海：古籍出版社，1986。

三、評點家對於整體布局的看法

　　評點作品的最大特徵在於批評與實際被批評的作品緊密的結合，依據作品本身所呈現的文本為基礎，透過評點家對於作品的反覆批閱與評論，來闡述批評者所提供給閱讀者某種形式的觀點或思想。此種評論方式，必定先要有文學作品的存在，評點才得以產生，它是無法脫離依附的母體而獨立存在的。

　　評點大多為批評者在閱讀時依據對作品的所觀所感，隨筆式的對作品加以圈點或加註說明他對某句某段的想法及看法，因此這種隨興式的批評方法，形成了它在理論上的零散性及支離性。這種分散性質的樣貌，在評點的早期作品中最為明顯。不過雖然評點作品的本身大都存在著這種缺陷，並不代表評點家看作品時不由大處著眼，在明代及清代的戲曲評點家能對戲曲作品在敘事結構的整體布局加以注目的並不乏其人。臧懋循於〈荊釵記引〉一文中指出《荊釵記》的優點即在於「搆調工而穩，運思婉而匝，用事雅而切，布格圓而整」[12]其中「布格圓而整」即是對於《荊釵記》一劇的整體敘事結構的完整及整體性加以讚揚，並認為《琵琶》一劇在曲中三昧的完成度上與《荊釵記》尚隔一頭地，因此《荊釵記》自能得以與《西廂記》並稱南北二宗。由此可知臧氏所認定的「曲中三昧」，除了曲調、構思及文詞三者外，對於

12　《負苞堂文選》卷三，收入蔡毅所編《中國古典戲曲序跋匯編》，頁98。山東，齊魯書社，1989。

敘事整體布局的講求，應是其品評的一大標準。

　　明代文學家及評點家陳繼儒曾評點過《西廂記》、《幽閨記》、《琵琶記》、《紅拂記》、《玉簪記》、《繡襦記》等劇作。他在評《玉簪記》第二齣〈潘公遣試〉總批中言道：

　　　開局把全意挈起，文方不散漫。[13]

　　而在評《紅拂記》第三十四齣時也認為：

　　　好結局，各從散漫中收做一團，妙！妙！[14]

　　由這兩段批語可以看出，陳氏已在評點《玉簪記》時，注意到戲曲開場時應將全局的總體結構加以掌握好，以利後文的進行，正如同明人馮夢龍曾言：「首齣要包含通傳主意」[15]一樣，在戲曲的一開始就要將全劇的種種事頭點引給觀眾，這是中國古典戲曲的一個特點。而相同的，在全劇結尾時，也應對全劇所設下的敘事線索做一總體收束，如此才是一個完整的戲曲敘事結構。

　　除此之外，陳繼儒對於敘事細節與整體結構間的對應關係亦加以關注。如其評《繡襦記》時曾對〈厭習風塵〉有眉批云：

　　　生出這繡羅襦，意是一線牽動全傳。[16]

　　評《玉簪記》〈秋江送別〉一齣時云：

13　陳繼儒評輯《六合同春》，收於北京大學圖書館編《不登大雅文庫珍本戲曲叢刊‧卷 13》，頁 351。北京市：學苑書局，2003。
14　陳繼儒評輯《六合同春》，收於北京大學圖書館編《不登大雅文庫珍本戲曲叢刊‧卷 13》，頁 106。北京市：學苑書局，2003。
15　《墨憨齋詳定酒家傭傳奇》，收入《墨憨齋定本傳奇》，江蘇，古籍出版社，1993。
16　陳繼儒評輯《六合同春》，收於北京大學圖書館編《不登大雅文庫珍本戲曲叢刊‧卷 13》，頁 248。北京市：學苑書局，2003。

> 全本妙處盡在此，翻離情至好，關目好，調好，不減
> 元人妙手。[17]

　　相對於整體結構而言，劇中的某一件物品或某一個情
節，某一個動作，它被安排在此處而不在彼處，其本身的所
在位置，就應有絕對的意義，而這種位置或許閱讀者原本並
未能全然洞悉它本身在全劇中所代表的意義，可是一經評點
家的導引及點明，其存在的價值也就昭然若揭了。陳氏在評
《繡襦記》與《玉簪記》時，即能點出這種細節與整體間的
相對關係來。

　　明代王思任作有《批點玉茗堂還魂記》，其於卷首有一篇
〈批點玉茗堂牡丹亭還魂記敘〉，這篇著名的序文除了對戲曲
人物類型論是一篇十分重要的論述外，他也在此序中言明湯
顯祖四夢的立言神指：

> 《邯鄲》，仙也；《南柯》，佛也；《紫釵》，俠也；《牡
> 丹亭》，情也。[18]

　　雖然這並非對敘事結構的整體進行評論，但卻對於整體
敘事結構的立言中心，抓得十分精準。

　　雖然明代的評點家對於劇本敘事結構的整體布局已經有
所重視，但仍然擺脫不了論述過於精簡的疏漏，這種形式上
的缺點，直到清代評點大家金聖嘆的出現，才被進一步的加
以克服。金聖嘆為清代最傑出的文學批評者之一，其所評《水

---

17 陳繼儒評輯《六合同春》，收於北京大學圖書館編《不登大雅文庫珍
　　本戲曲叢刊・卷 13》，頁 27。北京：學苑書局，2003。
18 湯顯祖原著，王思任評點，《臨川四夢》，頁 97。收入《煖紅室彙刻
　　傳奇》，江蘇：廣陵古籍刻印社，1990。

滸傳》及《西廂記》對於後來的評點影響很大，其中《西廂記》為金氏蒙難前的作品，他採用與看《莊子》及《史記》同一付批書的手眼來評點《西廂記》，這使得金批本採用一種文學的而非曲學的角度來切入。金聖嘆所評《西廂記》，看似隨興批閱，率性評點，但若仔細歸納，卻會發覺金氏之評本，自有其一套獨特的觀點與邏輯，與前此之戲曲評論作品大異其趣。在正文之前，他特意寫下序文及讀法來說明自己的批評理念，每本各折有分論，每段及每節有各自的小評，正文中有眉批、夾批，層次井然，首尾相映。我們參合八十一條讀法及各章節前的總評、夾批，可以得出金氏對於戲曲作品的整體敘事結構十分重視。

　　金聖嘆在論及《西廂記》的構成時，特意強調它的整體性，也就是十六折的《西廂記》是一個完整的有機體（不包括最後四折），金氏認為推到極致，這十六折只是「一章」，甚或只是「一字」。他在〈讀法〉中說：

> 若是字，便只是字；若是句，便不是字；若是章，便不是句。何但不是字，一部《西廂記》，真乃並無一字。豈但並無一字，真乃並無一句。一部《西廂記》，只是一章。
>
> 若是章，便應有若干句；若是句，便應有若干字。今《西廂記》不是一章，只是一句，故並無若干句；乃至不是一句，只是一字，故並無若干字。《西廂記》其實只是一字。[19]

19　金聖嘆（批改）王實甫（原著），《金聖嘆批本西廂記》，讀法第三十、三十一，頁16。上海：古籍出版社，1986。

　　金氏認爲《西廂記》中每一個章節和字句都是一個密不可分的整體，而這個整體又是由每一字句和章節緊密的構成。因而他在《後候》一折的總評中指出：

> 《西廂》一文一十六篇，…謂之十六篇可也，謂之一篇可也，謂之有千萬億文字總持悉歸於是可也，謂之空無點墨可也。[20]

　　他並對於敍事的整體布局採取了一種鳥瞰式的觀察法，其於〈讀法〉之三中指出：

> 一部書，有如許灑灑洋洋無數文字，便須看其如許灑灑洋洋是何文字，從何處來，到何處去，如何直行，如何打曲，如何放開，如何捏聚，何處公行，何處偷過，何處慢搖，何處飛渡。[21]

　　金氏除了一再強調敍事結構的整一不可分割之處，他並立基於整體結構之上來觀察分析劇作家是如何操弄敍事的各種手段，這種「鳥瞰式」觀察方法，其實必須經過評點家對於作品反覆的閱讀，先以閱讀者的身份出入作品內外，並對其中的敍事謀略徹底的分析、解剖，然後轉以評點家的身份將他個人的心領神會傳授給後來的讀者，並採取一種「伴讀／導師」的雙重身份來引導讀者順其所指來研讀作品。對於這種出入作品的過程，文龍於評論《金瓶梅》一書時，提出了他的看法：

> 故善讀書者，當置身於書中，而是非羞惡之心不可

20　金聖嘆（批改）王實甫（原著），《金聖嘆批本西廂記》，〈後候〉，頁197。上海：古籍出版社，1986。

21　金聖嘆（批改）王實甫（原著），《金聖嘆批本西廂記》，讀法第三十，頁10。上海：古籍出版社，1986。

泯，斯好惡得其真矣；又當置身書外，而彰癉勸懲之
心不可紊，斯見解超於眾矣。又須於未看之前，先將
作者之意體貼一番；更須於看書之際，總將作者之語
思索幾遍。看第一回，眼光已射到百回上；看百回，
心思復憶到第一回先。書自為我運化，我不為書捆
縛，此可謂能看書者矣。[22]

　　唯有通過這樣的閱讀過程，評點家們將「自我運化」而
又「不為書捆縛」的結果轉為評點作品的實際實踐，評點的
意義始成。而當評點家進入再跳出後，其所採取的態勢已成
為一種「鳥瞰式的觀察法」，自然不會與初讀者的視野站在同
一層次上，金聖嘆即是最先將這種鳥瞰式觀察法落實於劇本
的評析之中。

　　除此之外，金氏所認同的整體敘事結構布局是必須以人
物性格的完足發展為主軸，而也正是基於《西廂記》具有首
尾完足的整體結構，這個整體結構又必須以人物性格發展為
中心，因此金氏將《西廂記》原本的最後四折予以刪除，並
譏其為「下半截美人」。《西廂記》第五本四折由〈捷報〉至
〈榮歸〉是將結局轉為金榜題名團圓的喜劇收場，金氏認為
這不但破壞了前四本的悲劇精神，且以人物性格發展來看，
也與前四本不一致。他指出此四折：

章則無章法，句則無句法，字則無字法，卑卑如此等
事，猶尚不知，奈何乎言及其他哉？[23]

22　收於朱一玄編《金瓶梅資料匯編》頁 656。天津：南開大學出版，1985。
23　金聖嘆（批改）王實甫（原著），《金聖嘆批本西廂記》，讀法第三十，
　　頁 275。上海：古籍出版社，1986。

因此不論以人物或內在敘事結構的角度而言，金氏認爲此四折均屬狗尾續貂，毫無存在的意義，因而將此四折列於續作之中。

事實上，金氏會對《西廂記》第五本有如此強烈的反感，根本在於他個人具有一種獨特的悲劇美學觀，他把所謂「大團圓」視若蛇足，而要保留原作至〈草橋驚夢〉爲止，是與其序言所隱含的悲涼感相互呼應的。他賦予《西廂記》一個悲劇的結局，自是做爲金氏自身這種悲劇美學追求的一個實踐。

清代評點家毛聲山爲金聖嘆評點理論及方法的實際繼承者，他曾與其子毛宗崗評點《三國志演義》，並將之稱爲《第一才子書三國志》。毛氏後來失明，因此他以口授方式評點《琵琶記》，由毛宗崗加以筆記而成《第七才子書琵琶記》。與金聖嘆相同，毛氏亦很重視敘事整體布局的完整性，他曾於其所評《琵琶記》之〈總論〉中將整體結構的布局謀略比喻成對棋局的經營：

> 予嘗聞善弈者之言矣，其言曰：凡下第一著時，先算到三著四著，未足爲善弈也。下第一著時，不但算到三著四著，更能算到五六七八，亦稱高手矣。然而猶未足爲盡善也，善弈者，必算到十數著，乃至數十百著，直到收局而後已。如王積薪夜半聽姑婦談弈，不過十數著，而全局已竟，然而當其下此數十著時，其心力眼力，不僅在此十數著而已，在數十百著之後也。人若不能算到全局，而但看此十數著，則無一著不是閒著。若能算到全局，而後看此十數著，則無一著是閒著。《琵琶》之爲文，亦猶是已，嘗見其閒閒

一篇，淡淡數筆，由前而觀，似乎極冷極緩，極沒要
緊，乃由後而觀，竟為全部收局中極緊極要極不可少
之處，知此者可與庶幾縱讀古今才子之文。[24]

毛氏把下第一步棋代表劇作家寫作劇本的第一筆，當第
一筆落下之時，整部創作的敘事布局就應當早在作者的計算
之中，劇作者將原來存在心中的一種「先在結構」，由原先的
醞釀、成形而後再經由分解、思考、重整，最後才賦予一個
外在的形式，而成為劇本，因此「有一篇全部大文於胸中」
是劇本創作者在結撰之先的第一要務。毛氏並承繼了金聖嘆
對於整體結構的鳥瞰方式，他在〈總論〉中指出：

而實則其所注意之處，只在一二篇，且不獨一部之
中，其注意只在一二篇，即一篇之中，其注意亦只在
一二句。得其注意之所在，然後知何處是陪客，何處
是正主，何處是埋伏，何處是照應，何處是正描，何
處是旁襯，何處是倒插在前，何處是順補在後；豈特
《琵琶》為然，古今才子之文皆如是，惟有心者自解
之。[25]

毛氏認為一部《琵琶記》的敘事整體主要有前後二個重
心，前一部份劇作家的敘事重心放在〈官媒議婚〉一折，而
後一部份的敘事重心則擺在〈書館悲逢〉一折。只要讀者能
於整體結構中提舉出這二個中心位置，就能進一步觀察出創

24　《第七才子書琵琶記》〈總論〉，毛聲山（評點）高明（原著），頁 18。
　　台北：文光圖書有限公司，1978。
25　《第七才子書琵琶記》〈總論〉，毛聲山（評點）高明（原著），頁 14。
　　台北：文光圖書有限公司，1978。

作者對於敘事方法的經營及布局。

　　毛氏此看法是根植於金聖嘆評點《西廂記》〈讀法〉之三而又有所發揮。除了將金氏所用如「來、去、直行、打曲、放開、捏聚、公行、偷過、慢搖、飛渡」等用語改為「陪客、正主、埋伏、照應、正描、旁襯、倒插、順補」等更為具體論述語言外，也更加明確的著重創作者對於整體布局的預設性。他對於敘事的整體性強調的是「本題」的確立，他認為：

　　　作文命題，最是要緊，題目若好，便使文章添一倍光采。
　　　若題目不甚好，則文章雖極佳，畢竟還有可議處。[26]
　　當此「本題」掌握住之後：

　　　只覷得此緊要之處，一手抓住，一口嚼住，更不一毫
　　　放空。[27]
　　再就此「本題」加以「添設」及「點染」。對於整體結構的內部則須注意其嚴密性：

　　　於每段小文之內，必處處提照章旨，回顧本色，若有
　　　一處疏漏，即全部線索皆脫[28]。

　　毛氏對於《西廂記》的總折數是贊成金聖嘆的刪節法，認為後四折為續作，應該予以刪去。基於與金聖嘆同樣對敘事布局一致性的堅持，他反對有人認為《琵琶記》只須演至〈書館悲逢〉一折便可打住，毛氏認為此是「大謬之事」。真

---

26 《第七才子書琵琶記》〈總論〉，毛聲山（評點）高明（原著），頁19。
　　台北：文光圖書有限公司，1978。
27 《第七才子書琵琶記》〈總論〉，毛聲山（評點）高明（原著），頁16。
　　台北：文光圖書有限公司，1978。
28 《第七才子書琵琶記》〈總論〉，毛聲山（評點）高明（原著），頁18。
　　台北：文光圖書有限公司，1978。

正的完整敘事結構，應該仍以四十二齣直至〈一門旌獎〉才
算完足：

> 最可怪者，人以《西廂》之十六折為少，而欲續之，
> 以《琵琶》之四十二齣為多，而欲刪之。夫誠知《西
> 廂》之不必續，則知《琵琶》之不可刪矣。鳧脛雖短，
> 續之則傷，鶴頸雖長，斷之則悲，文之妙者，一句包
> 得數篇，則短亦非短，數篇只如一句，則長亦非長，
> 湯若士先生《牡丹亭傳奇》，長至五十餘折，至今膾
> 炙人口，讀之不厭其多。近日吾友悔庵先生，有《讀
> 離騷》、《弔琵琶》、《桃花源》、《黑白衛》等樂府數種，
> 每種止三四折，亦復膾炙人口，讀之不覺其少，又何
> 獨疑於《琵琶》？《琵琶》〈書館悲逢〉以前之不可
> 刪，固有說矣，至於〈書館悲逢〉以後之不可刪，則
> 又有說。續《西廂》者，於〈草橋驚夢〉之後，補寫
> 鄭恆逼婚，張生被謗，雙文信讒，見之欲嘔，固不如
> 勿續也；不知勿續，則其所續者，刪之可也。若《琵
> 琶》本出一人之手，本未嘗續，何容議刪，試觀其寫
> 牛相之別女，牛氏之別父，與〈南浦囑別〉一篇，特
> 特相肖。寫父之念女，女之念父，又與蔡母嗟兒，宦
> 邸憂思，特特相肖。讀者於此，可以通《大學》絜矩
> 之心，可以推《中庸》忠恕之理，可以悟《論語》不
> 欲勿施之情，可以省《孟子》出爾反爾之戒，其文之
> 妙如此，如之何其可刪也？[29]

29　《第七才子書琵琶記》〈總論〉，毛聲山（評點）高明（原著），頁19。
　　台北：文光圖書有限公司，1978年。

　　毛聲山主張不能刪削的理由有二，其一是創作者高明所作的原始劇本就是四十二齣，基於尊重原作者的理由，《琵琶記》不可刪。其二則是就《琵琶記》中人物情感的延續性及完整性而來說，《琵琶記》亦不可刪。雖然毛聲山與金聖嘆都是立基於對整體敘事布局的一貫性而對《琵琶記》與《西廂記》的刪改與否有所執著，不過在前提上二者並不盡相同，金氏是以人物性格的發展爲主要考量，因而認爲後四折破壞悲劇結構而予以刪節；毛聲山則是較偏向於以情節發展的完足與否爲優先考慮的要素，因此而大聲疾呼〈書館悲逢〉後五折的不可刪。

　　清代詩人兼評點家吳儀一曾針對其友人洪昇之《長生殿》一劇加以評點，因《長生殿》問世後篇幅甚長，不方便劇團的演出，因此有人對此劇加以刪改。吳儀一十分不滿此種肆行刪削的做法，因而將原本五十齣更定爲二十八齣並加上評點。經由洪昇本人的認可，認爲如此的更動確當不易，因此吳氏本便成爲一種正式的改定本，洪昇並建議當時欲演此劇者「取簡便當覓吳本教習」，所以吳儀一評本的地位可見一般。吳儀一除了評點《長生殿》外，另有與其三位夫人陳同、談則、錢宜合評之《牡丹亭》行世，稱爲《吳吳山三婦合評牡丹亭還魂記》。

　　吳儀一於《長生殿》評點第一齣〈傳概〉中指出：

> 家門引子須縷悉情事，又須一氣貫穿，今人不講此法久矣，廣陵散於斯復見。[30]

30　吳舒鳧評本《長生殿》，洪昇原著，頁 1。台北：文光圖書公司，1969。

　　吳氏此說與陳繼儒相同，認爲在戲曲一開場時，就當將整體敘事線索加以概括交待，並一一加以貫串，使觀者能對整體事件的發展有一個全面性的瞭解。此外，他對《長生殿》的批語中，時常出現「章法縝密」、「章法井然」、「章法靈妙」等用語，亦可見其對布局的重視。

　　經由上述，可以得知明清兩代之評點家所提出對於整體敘事布局的看法，實則是經由他們反覆的出入作品，分析作品，並對於作品內的情節位置加以釐析，找出其所在位置的關鍵性後，才將這種閱讀的經驗及作者的敘事謀略用伴讀或導讀的方式傳遞給後來的讀者，因而這是一種歷經「由全局到局部」再「由局部到全局」漫長的閱讀及反芻的過程。

四、關於敘事結構的次第展現

　　對於敘事整體有了總括性的考量後，評點家便開始對於敘事結構的內部進行抽絲剝繭式的分析，通過他們出入敘事作品由整體至細節的反覆推衍及思考，才能將原本作者未言的敘事謀略展現於讀者的面前。針對這個課題做出詳盡解析的評點家當推清代金聖嘆，金氏對於敘事結構的分析已經到了巨細靡遺的地步，李漁認爲：

　　　　聖嘆之評《西廂》，可謂晰毛辨髮，窮幽晰微，無復
　　　　有遺議於其間矣。[31]

　　而在金氏之前無人能有此精闢的解析，金氏批本一出，

---

31 李漁《閒情偶寄》〈格局第二〉，台北：長安出版社，1990。

爲後來毛聲山所繼承，因此毛氏對於敘事結構的分析也提出了他的看法。此外，吳儀一針對敘事層次及貫串的問題也於其批點的《牡丹亭還魂記》有所展現，因此本文將以上述三位評點家爲討論的主體。

（一）金聖嘆論敘事結構的三個層面

金聖嘆既認爲一部《西廂記》是一個完整的結構，但並不代表這個「完整性」是不能分析拆解的，相反的，正因爲存在於結構內在的合理條件是環環相扣、相生相發的，因此當金氏由細部來分析《西廂記》內在結構時，才驚嘆於它層次性的巧妙組合是由內部敘事條件自給自足而構成。並非如當時許多傳奇作者，只徒然講求外在形式，有時爲了湊足齣數，不顧情節發展的合理與否，一味填充虛文，以求滿足外在形式的美觀，這點金氏曾加以指責：

> 近日所作傳奇，例必用四十折。吾真不知其何故不可多，不可少，必用四十折也？[32]

金氏認爲，戲曲結構中折數的多寡，不是可以由一種死的框架所能規範的。一部劇的情節編排，都應具有內在邏輯的必要性，因此折數的多寡應由情節本身的構成條件來制約。

事實上，如前所述，古典戲曲的敘事結構常有固定的程式可循，此處牽涉到中國古典戲曲在結構上的基本組合規律，它必須是一種四段式有順序性的結構。亦即中國古典戲曲的敘事方式是由事件發生的起始加以敘述，這點與西方戲

---

32 金聖嘆（批改）王實甫（原著），《金聖嘆批本西廂記》，〈後候〉，頁197。上海：古籍出版社，1986。

劇敘事結構十分不同。西方戲劇敘事方式上可以有「倒敘」、「插敘」或「補敘」等等不同的表現手法，因此戲劇的序幕未必是事件的開端。但中國古典戲曲卻必須「話說從頭」，故事的情節是由頭至尾原原本本的展現在觀眾眼前。除此之外，敘事的結構方式必須符合起、承、轉、合四段式組合方式，這點在所有古典戲曲創作者的腦中成為一種固定的程序，《西廂記》自然也不例外。

　　金聖嘆在分析《西廂記》時，也是依循著此一路向加以思考。他將十六折情節依其在整體結構中的意義及功能冠以「生」、「此來彼來」、「三漸」、「二近」、「三縱」、「兩不得不然」、「實寫」、「掃」及「空寫」等不同名目，並依此來進行細部分析。而在這九組段落中，我們又可將之劃分為敘事的底層結構（起）、主體結構（承、轉）及上層結構（合）三大類。

1. 底層結構 ── 事件的發生基點

　　所謂底層結構，代表著故事的起始基點，事件發生的前因，均由此展開，這包含了金氏所謂的「生」──〈驚豔〉及「此來彼來」──〈借廂〉、〈酬韻〉三折。

> 若夫《西廂》之為文一十六篇，則吾實得而言之矣：有生有掃，「生」如生葉生花，「掃」如掃花掃葉。何謂「生」？⋯今夫一切世間太虛空中本無有事，而忽然有之，如方春本無有葉與花，而忽然有葉與花，曰「生」。⋯然則如《西廂》，何謂「生」？⋯最前〈驚豔〉一篇謂之生⋯蓋〈驚豔〉已前無有《西廂》，無

有《西廂》則是太虛空也。[33]

金氏所謂「生」是一切敘事的發生基礎，也就是開端之意。在〈驚豔〉一折中最重要的一個生發點即為「老夫人開春院」，對此金氏指出：

> 一部書十六章，而其第一章大筆特書曰「老夫人開春
> 院」，罪老夫人也。雖在別院，終為客居，乃親口自
> 命紅娘引小姐於庭前閒散心，一念禽犢之恩，遂至逗
> 漏無邊春色。良賈深藏，當如是乎？厥后詐許兩廊退
> 賊願婚，乃又悔之，而又不遣去之，而留之書房，而
> 因以失事，猶未減焉。[34]

金聖嘆在此明確說明若無「老夫人開春院」之舉，則一部《西廂記》一十六章就無從發生，就因為有了這一個觸發的「點」，以下許多的事件，便由此展開。

在〈驚豔〉之前是「無」，我們必須特別注意此一「無」的觀念，它貫串了整部金聖嘆的《西廂記》評點。而這個「無」是金氏敘事結構觀的上層結構，也是敘事的最終目的，關於這點留待討論上層結構時再來說明。不過僅僅〈驚豔〉一折並不足以構成整部《西廂記》戲劇動作的原動力，它只是發生的一個基本點。在此折中張生雖然因瞥見鶯鶯而怦然心動，但這只是單方面的動因，實則在此時鶯鶯心中並無張生，而眼中也未有張生，因此要達到雙方都具有「行動」的動機，便必須接續其他關目，金氏認為之後的「兩來」──「此來」

---

33 金聖嘆（批改）王實甫（原著），《金聖嘆批本西廂記》，〈後候〉，頁
  195。上海：古籍出版社，1986。
34 金聖嘆（批改）王實甫（原著），《金聖嘆批本西廂記》，〈驚艷〉，頁
  32。上海：古籍出版社，1986。

與「彼來」才是促使《西廂記》得以展開的真正動因。如果一方「不來」，則「此事不生」，因此「二來」是彼此間相互牽引必然的戲劇行動。金氏指出：

> 兩來，則南海之人已不在南海，北海之人已不在北海也。雖其事殊未然，然而於其中間已有輕絲暗縈，微息默度，人自不覺，勢已無奈也。[35]

所謂「此來」即〈借廂〉，是指張生來到西廂；「彼來」即〈酬韻〉，是指鶯鶯藉和詩來得與張生有了初步的接觸：

> 蓋昔者鶯鶯在深閨中，實不圖牆外乃有張生借廂來。是夜張生在西廂中，亦實不圖牆外遂有鶯鶯酬韻來。[36]

張生因於〈驚豔〉中見到鶯鶯而觸發了他搬來西廂的動因，因此在〈借廂〉一折，張生是主動欲親近鶯鶯，然而此時鶯鶯並不識張生，因此敘事者必要設計一觸發鶯鶯行動的情節，即為〈酬韻〉。鶯鶯在無心下至花園燒香，張生乃有心人，故意吟詩一首，卻引動了鶯鶯芳心，此時鶯鶯若置之不理，便不會有以後之《西廂記》，因而由鶯鶯相和「料得高吟者，應憐長嘆人」促成了雙方行動的基礎 —— 張生因慕色而來，鶯鶯因慕才而來。一本《西廂記》所有情節及戲劇動作均由此三折生發而起。因此，我們可將金氏之「生」、「此來」、「彼來」視為其敘事觀念的底層結構。

---

35 金聖嘆（批改）王實甫（原著），《金聖嘆批本西廂記》，〈後候〉，頁195。上海：古籍出版社，1986。

36 金聖嘆（批改）王實甫（原著），《金聖嘆批本西廂記》，〈後候〉，頁195。上海：古籍出版社，1986。

2. 主體結構 —— 情節的鋪陳與塑造

由「三漸」至「實寫」，其中包括十一折，爲金批《西廂記》敘事結構的主體部份，亦即情節的曲折變化皆在此十一折中發生。金聖嘆論文最忌平鋪直敘，因此對於「曲折」的追求，他是樂此不疲，而戲劇更需如此。戲劇之所以成立，在於有事件的衝突，觀眾所要看的，正是一個事件如何生起衝突或引發問題，而這個衝突或問題如何得到解決的過程。

金聖嘆在論述《西廂記》情節結構時由「三漸」啓端，所謂「漸」是指情節發展的一種必要的階段及過程，它的動線是屬於順態進行，即《西廂記》在情節發展上三個主要階段以及主要人物 —— 鶯鶯性格展現的三種層次。

> 何謂三漸？〈鬧齋〉第一漸，〈寺警〉第二漸，今此一篇〈後候〉第三漸。第一漸者，鶯鶯始見張生也；第二漸者，鶯鶯始與張生相關也；第三漸者鶯鶯始許張生定情也。此三漸又謂之三得，何謂三得？自非〈鬧齋〉之一篇，則鶯鶯不得見張生也。自非〈寺警〉之一篇，則鶯鶯不得而與張生相關也。是非〈後候〉之一篇，則鶯鶯不得而許張生之定情也。[37]

此「三漸」是鶯鶯與張生由原來毫無關連到後來緊密相關的三個重要情節，是兩人愛情從無到有發展的關鍵戲。以張生而言，他雖在〈驚艷〉一折瞥見鶯鶯，但並不算是真正「見」到鶯鶯：

---

37 金聖嘆（批改）王實甫（原著），《金聖嘆批本西廂記》，〈後候〉，頁195、196。上海：古籍出版社，1986。

　　然而春院乃瞥見也，瞥見則未成乎其為見也。墻角乃
　　遙見也，遙見則亦未成乎其為見也。夫兩見而皆未成
　　乎其為見，然則至是而張生為始見鶯鶯矣。是故作者
　　於此，其用筆皆必致慎焉。[38]

　　由〈鬧齋〉一折開始，張生才得以「親見」、「快見」甚
或「飽見」鶯鶯，此為三漸中的副線。以主角鶯鶯而言，經
〈鬧齋〉一折，她才得以欣賞到這個青年才俊，兩人相見互
起愛慕之心，但彼此並非因此就產生了實質的關連性。因此，
〈寺警〉一折，為這兩人拉近了距離，若非〈寺警〉，老夫人
不會因情急而許婚，崔張兩人的愛情發展因〈寺警〉而能更
進一步，並有了婚約的聯繫。此時張生與鶯鶯既有婚約，可
以說已經是具有形式上未婚夫婦的關係了。

　　而〈後候〉則是張生經歷了〈賴婚〉與〈賴簡〉的兩大
挫折之後，情緒已經跌到谷底，且病且死，正為此因，鶯鶯
才下定決心，拋開世俗禮教的范圍，執意追尋愛情。因此以
〈鬧齋〉而言：

　　無遮道場，故得微露春妍；諱日營齋，故得親舉玉趾。
　　舍是則尚且不得來，豈直不得見也。

　　而若以〈寺警〉來看：

　　變起倉卒，故得受保護備至之恩。母有成言，故得援一
　　醮不改之義。舍是則於何而得有恩，於何而得有義也。

　　而就〈後候〉以觀：

　　聽琴之夕，鶯鶯心頭之言，紅娘而既聞之。賴簡之夕，

---

38 金聖嘆（批改）王實甫（原著），《金聖嘆批本西廂記》，〈鬧齋〉，頁
　　75。上海：古籍出版社，1986。

> 張生承詩之來，紅娘而又見之。今則不惟聞之見之，
> 彼已且將死之。細思彼既且將死之，而紅娘又聞之見
> 之，而鶯鶯尚安得不悲之？尚安得復忌之？尚安得再
> 忍之？尚安得不許之？[39]

　　這三場戲由鶯鶯把原來素不相識的張生到張生成為她心上的一塊寶，將女主人翁的愛情進展三階段完整的呈現出來，此為主線。就人物性格而言，「三漸」也是鶯鶯性格勾勒的三個層次。以金氏觀點而言，情節結構與人物有著密不可分的關連，因人物的性格發展制約著情節的構成，因此金氏的「三漸說」已把他敘事結構的主要觀念描繪出來。

　　「三漸」之後，如果劇情就順勢而下，平鋪直敘，那必定十分索然，因此在「三漸」之間及之後，金氏又提出了「二近三縱」的說法。「二近三縱」實即為戲劇情節布局上的曲折紆迴，也就是情節上衝突或問題的製造時機。

> 何謂「二近」？〈請宴〉一近，〈前候〉一近。蓋近
> 之為言，幾幾乎如將得之也。幾幾乎如將得之之為
> 言，終於不得也。終於不得，而又為此幾幾乎如將得
> 之之言也，文章倒起變動之法也。「三縱」者，〈賴婚〉
> 一縱，〈賴簡〉一縱，〈拷豔〉一縱。蓋有近則有縱也。
> 欲縱之，故近之。亦欲近之，故縱之。「縱」之為言，
> 幾幾乎如將失之也。幾幾乎如將失之之為言，終於不
> 失也。終於不失，而又為此幾幾乎如將失之之言者，

---

39 以上三段引文均見於金聖嘆（批改）王實甫（原著），《金聖嘆批本西廂記》，〈後候〉，頁 196。上海：古籍出版社，1986。

　　文章倒起變動之法既已如彼，則必又如此也。[40]

　　「近」是指人物的願望本來已經幾乎可以實現，而在敘事次第上處於順勢之時，觀眾也以爲主角的願望將要實現，卻終於並未如願。作者在此時明知願望不會實現，卻要將情節安排得接近要實現的態勢。在〈請宴〉一折中，因張生搭救鶯鶯，而使兩人有了婚姻的關係，張生自認信心十足，以爲能贏得佳人成爲眷侶，不料老夫人突然悔婚，要二人以兄妹相稱，因此原以爲得卻終於失之。〈請宴〉一折爲《西廂記》情節衝突的第一個波瀾，因爲由此處而產生許多人物內心的起伏變化，此爲一「近」。金氏指出：

> 作者細思久之，細思彼張生之於鶯鶯，其切切思思，如得旦暮遇之，固不必論也。即彼鶯鶯之於張生，其切切思思，如得旦暮遇之，殆亦非一口之所得說，一筆之所得寫也。無端而孫飛虎至，無端而老夫人許，然二無端自天而降。此時則彼其一雙兩好之心頭、口頭，眼中、夢中，茶時、飯時，豈不當有如雲浮浮，如火熱熱，如賊脈脈，如春蕩蕩者乎？乃今前文之一大篇才破賊，後文之一大篇便賴婚。破賊之一大篇，既必無暇與彼一雙兩好寫此如雲、如火、如賊、如春之一段神理。而賴婚之一大篇，即又何暇與彼一雙兩好寫此如雲、如火、如賊、如春之一段神理乎？千不得已，萬不得已，算出賴婚必設宴，設宴必登請，而因於兩大篇中間，忽然閒閒寫出一紅娘請宴。亦不於

---

40 金聖嘆（批改）王實甫（原著），《金聖嘆批本西廂記》，〈後候〉，頁196。上海：古籍出版社，1986。

張生口中，亦不於鶯鶯口中，只閒閒於閒人口中，恰
將彼一雙兩好之無限浮浮熱熱，脈脈蕩蕩，不覺兩邊
都盡。[41]

而〈前候〉一折，張生苦苦哀求紅娘遞簡，張生已知鶯
鶯心中情意，因此自以爲已得佳人芳心，卻不料竟遭〈賴簡〉
的磨難，被鶯鶯痛斥，自此得病，之後又生出其他轉機，此
爲第二「近」。

而「縱」須與「近」搭配使用，它同樣用於人物在願望
幾乎幻滅並且以觀眾角度來看也勢必將要幻滅，卻竟沒有完
全幻滅，且出現了一線曙光。「近」與「縱」這兩者與「三漸」
不同，均屬於逆態的敘事動線。在〈賴婚〉一折中因老夫人
的反悔，使崔張二人對前景失望，本以爲就此斷絕的婚姻之
路，卻又因緊接在後的〈琴心〉而萌起生機。由〈請婚〉一
近一縱間產生男女主角在情感道路上第一次波折。〈賴簡〉一
折，因鶯鶯爲了保有相國小姐的尊榮，雖心中實想與張生相
見，卻又把矜持放在表面，在張生貪夜到來時怒斥相拒，因
而使張生對愛情失望，這其間是情節的又一次曲折。〈拷豔〉
一折，老夫人查覺崔張二人間事有蹊蹺，因而拷問紅娘，得
知二人私定終身，使二人情緒跌入谷底，本以爲從此無法相
見，卻又因紅娘的正義言詞說動老夫人，而有了意想不到的
轉變。其間不但男女主角情感起伏波瀾，也將觀眾的情緒推
到高點。金氏「近」與「縱」這兩個概念，重點在於把觀眾
的情緒由創作者完全掌控，將之置於情感的懸宕鐘擺之間，

41 金聖嘆（批改）王實甫（原著），《金聖嘆批本西廂記》，〈請宴〉，頁
110。上海：古籍出版社，1986。

因此不論是劇中人物或劇外觀眾，都因此二種方法的交互運用
而置身於曲折的情節之中，所謂「倒起變動之法」正是謂此。

　　在「近」與「縱」之間，金氏又分析出「兩不得不然」，
此「兩不得不然」實植基於人物性格發展的必要性之上。

　　　　何謂「兩不得不然」？〈聽琴〉不得不然，〈鬧簡〉
　　　　不得不然。〈聽琴〉者，紅娘不得不然；〈鬧簡〉者，
　　　　鶯鶯不得不然。設使〈聽琴〉不然，則是不成其為紅
　　　　娘。不成其為紅娘，即不成其為鶯鶯。何則？嫌其如
　　　　機中女兒，當戶嘆息，阿婆得問今年消息也。〈鬧簡〉
　　　　不然，則是不成其為鶯鶯。不成其為鶯鶯，則不成其
　　　　為張生。何則？嫌其如碧玉小家，回身便抱琅玕，不
　　　　疑登徒大喜也。[42]

　　〈聽琴〉與〈鬧簡〉金氏認為是在於人物性格塑造上的
勢所必然，因紅娘在老夫人賴婚之後，為了小姐也為了張生，
因而設計了張生彈琴這一動作，藉以試探鶯鶯；鶯鶯在見到
簡帖之後，因小姐身份陡然變容，斥責紅娘。這兩節都因創
作者為了塑造人物，考慮到人物所處的環境、身份地位以及
人物彼此之間的關係所必要敘述的情節。紅娘有僕人的地
位，因而穿梭於崔張二人之間傳遞訊息；鶯鶯為相國小姐，
絕不能如小家碧玉般心浮氣燥；而張生為與鶯鶯匹配的才
子，自不能以世俗登徒子的筆墨加之。金氏在此處的分析，實
則將戲曲外在形式結構及人物塑造的內在邏輯性兩相結合了。

　　戲劇情節在布局當中既然產生了衝突，勢必要得到解

42 金聖嘆（批改）王實甫（原著），《金聖嘆批本西廂記》，〈後候〉，頁
　　196、197。上海：古籍出版社，1986。

決，而這個解決的方式則爲金氏所謂的「實寫」。

> 實寫者，一部大書，無數文字，七曲八折，千頭萬緒，
> 至此而一齊結穴，如眾水之畢赴大海，如群真之咸會
> 天闕，如萬方捷書齊到甘泉，如五夜火符親會流珠。
> 此不知於何年月日發願動手欲造此書，而今於此年此
> 月此日，遂得快然而已閣筆，如後文〈酬簡〉之一篇
> 是也。[43]

伴隨著「二近三縱」，觀眾及劇中人物都在情緒上經歷了起伏波折，最後這樣高漲的情緒劇作者必定要爲其找到一個宣洩點，這個點即爲一部戲劇的最高潮，也是內外在衝突的解決處。以〈酬簡〉而言，崔張二人在經歷了內心相互猜疑及老夫人的外在阻撓之後，主角鶯鶯終於決心向前來迎就張生。兩人在心靈及肉體上都結合了，一切苦難到此得到抒解，有情人在此似乎已成眷屬，而觀眾在此也得以放下懸宕的情緒，稍事喘息，一切似乎都因爲這樣情節的安排而達到和諧的境界。對於這種戲曲敘事高潮的特徵，郭瑞曾加以分析：

> 第一，它是全部劇情發展的必然結果和歸宿；第二，
> 它對各條情節線索具有挽結和統一作用；第三，它應
> 集中而圓滿地體現作者的願望和理想。[44]

因此，「實寫」是金氏所謂一切事件的結穴所在，也是戲曲在敘事結構的內外在邏輯上所必然要設置的關目。

43　金聖嘆（批改）王實甫（原著），《金聖嘆批本西廂記》，〈後候〉，頁
　　197。上海：古籍出版社，1986。

44　郭瑞《金聖嘆小說理論與戲劇理論》，頁 328-329。北京：中國文聯
　　出版公司，1993。

　　由〈鬧齋〉到〈酬簡〉，爲金氏在分析《西廂記》敘事結構的主體所在，也是情節發展的承、轉部份，在十一折當中，金氏以五種敘事方法來概括分類，對《西廂記》的主體敘事結構進行細部的拆解。但總體而言，這個主體結構即代表著一切情節結構內外在的發展及轉折直至高潮之所在。

3. 上層結構 —— 創作者的思想底蘊

　　前文曾提及，金聖嘆以〈驚艷〉一折爲敘事結構的起始 ——「生」，在「生」之前沒有《西廂記》的存在。而在十六折中，金氏指出與「生」相對者爲「掃」，即故事結構體的終結。

　　　「掃」如掃花掃葉…何謂「掃」？…一切世間妄想顛倒有若干事而忽然還無，如殘春花落即掃花，窮秋葉落即掃葉，…最後〈哭宴〉一篇謂之「掃」。…若〈哭宴〉以後亦復無有《西廂》，無有《西廂》，則仍太虛空也。此其最大之章法也。[45]

　　金聖嘆由「生」至「掃」的概念，是將自然界由花開到花落的具體形象做爲張崔二人的愛情從發生到消逝的譬喻。在〈驚艷〉之前《西廂記》並不存在，而〈哭宴〉之後《西廂記》亦不存在，兩者前後都是一種「太虛空」。因此《西廂記》所有屬於故事情節發展的主體，到〈哭宴〉已經完成，不過金氏在此也明確指出，有「生」有「掃」是因其前其後都屬於「太虛空」，而這個「太虛空」實是一部《西廂記》的「最大章法」，此「最大章法」即爲作者的最終思想底蘊——

45　金聖嘆（批改）王實甫（原著），《金聖嘆批本西廂記》，〈後候〉，頁　195。上海：古籍出版社，1986。

「無」。

　　事實上在〈哭宴〉之後尙有一折〈驚夢〉，金氏將之稱爲「空寫」，「空寫」及「掃」都是《西廂記》的結尾部份，但爲何金氏在提出〈哭宴〉爲「掃」後又將〈驚夢〉納入敍事結構的體系當中呢？

　　　　空寫者，一部大書，無數文字，七曲八折，千頭萬緒，
　　　　至此而一無所用…如最後〈驚夢〉之一篇是也[46]。

　　金聖嘆的文學思想受佛學影響甚深，由《西廂記》評點中我們可以嗅出濃重的佛學氣息。在〈讀法〉第二十八到四十三條中，幾乎都在反覆闡述著一個觀念 ——「《西廂記》其實只是一字…《西廂記》是何一字？《西廂記》是一「無」字」[47]。這個「無」的觀念貫串整個《西廂記》評點，而「空寫」正是作者點明其「立言之志」，正是這個「無」字。

　　金氏認爲一切故事的發生與經過，都是爲了體現「無」而產生，這個「無」近乎佛法中的「空」。在〈驚夢〉一折中，觀眾恍然得知前此所發生的一切悲歡離合都不過是一場夢，〈哭宴〉是全劇悲歡離合的總結，是故事的悲傷結局，但就金氏而言，這個「悲」是爲了引出更上一層的思想主題「空無」。《西廂記》因主角的別離而進入佛家所謂「最苦別離」的地步，這點金氏在〈哭宴〉小序中曾引出《大藏》擬寫函《佛化孫陀羅難陀入道經》中的大段文字，其中指出：

46　金聖嘆（批改）王實甫（原著），《金聖嘆批本西廂記》，〈後候〉，頁
　　197。上海：古籍出版社，1986。
47　金聖嘆（批改）王實甫（原著），《金聖嘆批本西廂記》，〈讀法〉第三
　　十一、三十二，頁17。上海：古籍出版社，1986。

一切眾生，最苦離別，最難離別，最重離別，最恨離別⋯然則《西廂》之終於〈哭宴〉一篇，豈非作者無盡婆心，滴淚滴血而抒是文乎？[48]

金氏認爲作者的「無盡婆心」無寧是藉男女眾生因愛慕而生情愫，以致墮入劫中，凡此劫中的種種均需眾生自度，而引出自度的關鍵在於「離別」，自度的真諦在於「空」——「無」。由「生」至「空寫」，由緣起至緣滅，金聖嘆認爲《西廂記》的作者都在點染「空無」這最高層次的思想底蘊。而至於敘事情節只是爲了這個終極精神所敷設的骨肉而已，這正是金氏之所以將〈哭宴〉而非〈驚夢〉稱爲「掃」卻又將〈驚夢〉納入敘事結構的原因。

在敘事作品中表明作者立言之志的這種方式，可以說是古典戲曲表現的一種傳統。由元雜劇的題目正名，到明清傳奇的副末開場，無一不在替作者現身，藉著文字或角色爲作者發言，說出作劇的真正目的。西方戲劇常將作劇的真正精神包藏在情節之中，他們訴求的是觀眾看劇之後會產生一種心靈的「洗滌作用」，較少單刀直入地告訴觀眾作者演述故事的原因。但中國古典戲曲則將這種故事的主旨或精神直陳觀眾，兩者之間差異頗大。

整體而言，金聖嘆的敘事結構法與人物性格發展有著密切關連，而在結構的整體及細節的相互照應上，金氏均能分析的鞭闢入理。儘管其中「無」這個中心概念是否真爲劇作者創作的主旨所在？抑或是金氏做爲「讀者」這個角色的深

---

48 金聖嘆（批改）王實甫（原著），《金聖嘆批本西廂記》，〈哭宴〉，頁244。上海：古籍出版社，1986。

刻體認？兩者之間自有值得商榷之處。但即或如此，在《西廂記》敘事結構的剖析上，金氏無疑為戲曲評點開闢出一條嶄新的道路來。

（二）毛聲山及吳儀一對敘事結構的相關理念

　　對於敘事結構的次第展現，除了金聖嘆最早有系統的加以釐析之外，毛聲山在評點《第七才子書琵琶記》時也有所注目，他認為：

> 文章有步驟不可失，次序不可闕者，如〈牛氏規奴〉，為〈金閨愁配〉張本，〈金閨愁配〉為〈幾言諫父〉張本；〈臨妝感嘆〉為〈勉食姑嫜〉張本，〈勉食姑嫜〉為〈糟糠自厭〉張本。若無〈才俊登程〉，則杏園之思家為單薄；若無〈激怒當朝〉，則陳情之不許為突然；若無〈再報佳期〉，則〈強效鸞鳳〉為無序；若無〈丞相教女〉，則〈聽女迎親〉為無根；若無〈路途勞頓〉，則〈寺中遺像〉為急遽；若無〈孝婦題真〉，則〈書館悲逢〉為無本。總之，才子作文，一氣貫注，增之不成文字，減之亦不成文字。韓昌黎之〈雜說〉、〈獲麟解〉、〈送董邵南序〉，王荊公之〈讀孟嘗君傳〉，即欲增之，惡之而增之？賈誼〈治安策〉，董仲舒〈天人策〉，蘇長公〈上神宗皇帝書〉，即欲減之，又焉得而減之？[49]

　　為了在整體敘事布局上避免單薄、突然、無序、無根、

49　《第七才子書琵琶記》〈總論〉，毛聲山（評點）高明（原著），頁18。　　台北：文光圖書有限公司，1978。

急遽、無本等弊病，毛氏主張劇作家在鋪排事件的順序上，應當仔細評量，要留意在情節安置上彼此間的因果關係或必然關係。例如在〈金閨愁配〉中，牛丞相一意孤行強要蔡伯喈入贅相府，牛小姐對此深表不滿，但礙於終身大事，女孩兒家不便出口相勸，因而留下怨父根苗。至後來〈幾言諫父〉一折，牛小姐終於將心中潛藏的想法轉而對父親直接諫言，因此要有前折之因，才會有後折之果。這種敘事的步驟及次序是無法倒置的。而「結構」這個名詞本身就給人以一種對時間或空間加以安排的感受，各各不同的敘事細節在劇作家合情合理的安置下得到最為合適的位置，並使其能發揮最大的功能。例如毛聲山在〈總論〉中言及：

> 《琵琶》之為文，亦猶是已，嘗見其閒閒一篇，淡淡數筆，由前而觀，似乎極冷極緩，極沒要緊，乃由後而觀，竟為全部收局中極緊極要極不可少之處，知此者可庶幾縱讀古今才子之文。[50]

諸如這種劇作家隱藏於眾多敘事細節中的線索及頭緒，評點家均為讀者加以條分縷析並點出其於整體結構中的含意。

毛聲山亦曾於其評點《琵琶記》〈總論〉中提及：

> 讀書者當先觀作者所注意之處，如一部《琵琶記》，其前所注意，只在〈官媒議婚〉一篇，其後所注意，只在〈書館相逢〉一篇。蓋前則寫其辭婚相府，後則寫其不棄糟糠，如是而已。乃欲寫其辭婚，不得不寫其辭官；將寫其辭官，不得不先寫其辭試；既寫其辭

50　《第七才子書琵琶記》〈總論〉，毛聲山（評點）高明（原著），頁19。
　　台北：文光圖書有限公司，1978。

試，因寫一逼試之蔡公，寫一留試之蔡母，更寫一勸試之鄰叟，凡此種種，皆因辭婚而添設者也。欲寫其不棄妻，不得不先寫其念妻；欲寫其念妻，不得不寫其念親；既寫其念親，因寫一代夫葬親之趙氏，寫一從夫省親之牛女，更寫一聽女迎親之牛相，凡此種種，皆因不棄妻而點染者也。[51]

　　毛氏要點明一部《琵琶記》最重要的敘事中心有二，前半部份在於〈官媒議婚〉一篇，由此篇而引發了以下辭婚、辭官，又因要表明他對官位的淡泊則必先點染蔡伯喈的辭試及蔡公的逼試，由此而鋪設出蔡母、鄰叟等人物。同樣的，後半部份的敘事中心毛氏認為應擺在〈書館相逢〉一篇，而這兩個敘事中心最重要的使命乃在表明蔡伯喈的不棄糟糠，有情有意。因此，這種種的人物及事件，均由敘事中心為動作基點而往前或向後輻射。當劇作家確立了敘事中心的位置之後，也就賦予了這個敘事中心不可動搖的敘事意涵及功能了。

　　與毛聲山抱持同樣看法的尚有清代評點家吳儀一，吳氏認為《長生殿》中「釵盒乃本傳始終作合處」，因此只要掌握住對「釵盒」的運用時機，就能掌握敘事中心，所以吳氏指出：

劇中釵盒定情，長生盟誓，是兩大關節。釵盒自殉葬一結，又攜歸仙院，分劈寄情，月宮復合。盟誓則是證仙張本，尤為吃緊，此二者傳信，已足收束全劇。釵盒自定情後，凡八見：翠閣交收，固寵也；馬嵬殉葬，志恨也；墓門夜玩，寫怨也；仙山攜帶，守情也；

<hr>

51　《第七才子書琵琶記》〈總論〉，毛聲山（評點）高明（原著），頁 14。
　　台北：文光圖書有限公司，1978。

璇宮呈示，求緣也；道士寄將，徵信也，至此重圓結案。大抵此劇以釵盒為經，盟言為緯，而借織女之機杼以織成之，嗚呼巧矣。[52]

　　整部《長生殿》以釵盒貫串劇中重要情節，正如同經緯線一般，將事件順序串連，除了產生提領的作用外，也成為賦予《長生殿》敘事結構前後關連的重要線索所在。

　　由上述毛聲山與吳儀一對敘事結構次序排置的意見來看，雖然遠遠不及金聖嘆對於《西廂記》敘事結構三種層面的分析來得精密與全面，但他們已經十分能掌握住事件鋪排的技巧與中心事件（包括物件）對整體結構所產生的動能與意義了。

五、評點家對於創作筆法的實際操作 ── 敘事技法舉隅

　　對於創作技巧的講求普遍存在於中國文學的各種文體當中，不論詩、詞、小說等都有眾多的文學家整理出各色不同的創作技法，古典戲曲亦不例外。在古典劇論中，時常可見劇論家對於創作技法發表他們不同的看法，不過在各類紛呈的形式當中，尤以評點家對敘事技法的討論最引人注目。戲曲評點在清代金聖嘆批點《西廂記》後，可謂達到前所未見的高峰，而金聖嘆的批點之中對於「法」的建構不遺餘力，舉凡章法、句法、筆法、墨法、眼法、手法、讀法等各種敘事技法都在金批《西廂》中佔著十分鮮明的位置[53]。

52　吳舒鳧評本《長生殿》，洪昇原著，頁4。文光圖書公司，1969。
53　金聖嘆於評點《西廂記》之〈讀法〉第五十七條中指出：「《西廂記》

不過，針對敘事技法做出討論的並不起於金聖嘆，早在李贄評點戲曲作品時，就已對此加以注意。以後陸續有評點家對戲曲敘事技法做出探討研究，不過大多屬於零散性質，較不具整體性。直至金聖嘆始大量提出各種「筆法」的觀念，來對敘事技法加以形象化的詮釋及闡發，戲曲的敘事技法才算有較爲詳盡細密的討論。本節即針對戲曲評點中探討敘事技法，亦即「筆法」層面的相關問題加以分項討論。

（一）目此手彼 —— 題文描寫法

就「題」與「文」而言，「題」即指敘述者所要著力要描寫的重心所在；而「文」即指用以鋪陳推展敘事動作，藉以達到強調或提示主要敘述中心的其他次要敘述動作。而這個敘述動作的對象可以是次要情節、事件乃至於次要的人物。

劇作家在著手創作之時，必先對其要敘述描寫的「中心」有明確的認識及掌握。一部戲有整體結構的主要中心，這個主要中心我們可以稱之爲「題」；相對於主要中心的次要情節，可以稱之爲「文」。如果把範圍縮小至一個事件上，事件的發生或發展有其主要中心，此中心可以稱之爲「題」；而爲鋪敘此事件中心所設的各種周邊動作或次要事件，則可以稱爲「文」。同此，一部戲有主要角色及次要角色，我們亦可稱主要被戲劇家所著力描寫的重心人物爲「題」，而其他用以點

亦是偶爾寫他佳人才子。我曾細相其眼法、手法、筆法、墨法，固不單會寫佳人才子也，任憑換卻題教他寫，他俱會寫。」金聖嘆（批改）王實甫（原著），《金聖嘆批本西廂記》，頁 20。上海：古籍出版社，1986。

染主要人物的次要人物，稱之爲「文」。

　　金聖嘆對於題與文的創作筆法上指出：

> 僕思文字不在題前，必在題後。若題之正位，決定無
> 有文字。不信，但看《西廂記》之一十六章，每章只用
> 一句兩句寫題正位，其餘便都是前後搖之曳之，可見。
> 知文在題之前，便須恣意搖之曳之，不得便到題；知
> 文在題之後，便索性將題拽過了，卻重與之搖之曳
> 之。若不解此法，而誤向正位多寫作一行或兩行，便
> 如畫死人坐像，無非印板衣摺，縱復費盡渲染，我見
> 之，早向新宅中哭鍾太傅矣。[54]

　　金聖嘆認爲劇作家在敘述之時必先體察到切不可「一語
中的」，劇作家在謀劃事件的推展時，不應將自己所早已明確
想要表達的中心或高潮直截了當的展現給觀眾：

> 文章最妙是目注彼處，手寫此處。若有時必欲目注此
> 處，則必手寫彼處。一部《左傳》，都用此法。若不
> 解其意，而目亦注此處，手亦寫此處，便一覽已盡。
> 《西廂記》最是解此意。
>
> 文章最妙是目注此處，卻不便寫，卻去遠遠外發來，
> 迤邐寫到將至時，便且住；卻重去遠遠外更端再發
> 來，再迤邐又寫到將至時，便又且住。如是更端數番，
> 皆去遠遠外發來，迤邐寫到將至時，即便住，更不復
> 寫出目所注處，使人自於文外瞥然覷見。《西廂記》

---

54 金聖嘆（批改）王實甫（原著），《金聖嘆批本西廂記》，讀法第二十
　五、二十六，頁 15、16。上海：古籍出版社，1986。

純是此一方法，《左傳》、《史記》亦純是此一方法。[55]

金氏在此以《左傳》、《史記》的筆法來與《西廂記》相比擬。他對於敘事的中心的描寫曾做過一個精彩的比喻，即爲「獅子滾球」，他說：

> 文章最妙是先覷定阿堵一處，已卻於阿堵一處之四面，將筆來左盤右旋，右盤左旋，再不放脫，卻不擒住。分明如獅子滾球相似，本只是一個球，卻教獅子放出通身解數，一時滿棚人看獅子，眼都看花了，獅子卻是並沒交涉，人眼自射獅子，獅子眼自射球。蓋滾者是獅子，而獅子之所以如此滾，如彼滾，實都爲球也。《左傳》、《史記》便純是此一方法，《西廂記》亦純是此一方法。[56]

劇作家對於心中所欲描寫的「題」亦即獅子所戲之「球」，十分清楚，但爲了增加「題」的可看性，提高觀者對於此「題」的興趣，劇作家往往要變化出許多不同的筆墨來渲染或集中觀者對這個「題」的注意力。正如同獅子滾球的雜技表演一樣，不論獅子做出多少花俏的追逐動作，其目的物總不離那個「球」（題）。

既然劇作家對於「文」必須要恣意的做足，以便強調「題」的重要性，那麼對於「文」的操作技巧爲何？金聖嘆提出了「那輾」之法。他認爲：

55　金聖嘆（批改）王實甫（原著），《金聖嘆批本西廂記》，讀法第十三，頁 15、16。上海：古籍出版社，1986。

56　金聖嘆（批改）王實甫（原著），《金聖嘆批本西廂記》，讀法第十七，頁 13。上海：古籍出版社，1986。

吾中年而始見一智人曾教我以二字法，曰「那輾」，
至矣哉！彼固不言文，而我心獨知其為作文之高手。
何以言之？凡作文必有題，題也者，文之所由以出
也。乃吾亦嘗取題而熟睹之矣，見其中間全無有文。
夫題之中間全無有文，而彼天下能文之人，都從何處
得文者耶？吾由今以思而後深信那輾之為功，是惟不
小。何則？夫題有以一字為之，有以三、五、六、七
乃至數十百字為之。今都不論其字少之與字多，而總
之題則有其前，則有其後，則有其中間。抑不寧惟是
已也，且有其前之前，且有其後之後；且有其前之後，
而尚非中間，而猶為中間之前；且有其後之前，而既
非中間，而已為中間之後。此真不可以不致察也。誠
察題之有前，又察其有前前，而於是焉先寫其前前。
夫然後寫其前，夫然後寫其幾幾欲至中間而猶為中間
之前，夫然後始寫其中間。至於其後，亦復如是。而
後信題固蹙，而吾文乃甚舒長也；題固急，而吾文乃
甚行遲也；題固直，而吾文乃甚委折也；題固竭，而
吾文乃甚悠揚也。如不知題之有前有後，有諸迤邐，
而一發遂取其中間：此譬之以概擊石，確然一聲，則
遽已耳，更不能多有其餘響也。蓋「那輾」與不「那
輾」，其不同有如此者。[57]

「那輾」為玩古代遊戲「雙陸」的一種博戲之法，「那」
為搓那，「輾」為輾開，用於敘事技法上，可以說是一種層層

---

57 金聖嘆（批改）王實甫（原著），《金聖嘆批本西廂記》，〈前候〉頁
148。上海：古籍出版社，1986。

推移、漸次展開的敘述方法。

　　以金聖嘆所分析的〈前候〉一折而言，在老夫人賴婚而張生以彈琴來試探鶯鶯的真心後，鶯鶯在此時派了紅娘去探望張生，紅娘答應要為鶯鶯跑這一趟，此處為此折欲描寫的中心，亦即「題」之所在。此後，劇作家運用「那輾」之法對這個敘事中心加以漸次推衍，先是紅娘回憶「白馬解圍」的情況，其中用了〔點絳唇〕─〔混江龍〕─〔油葫蘆〕─〔天下樂〕四支曲子對紅娘回憶的情形加以描寫。其後紅娘去至張生門首，如果不用「那輾」之法，則紅娘應當直接叩門去探看張生，進入敘述的中心位置。但劇作家偏不如此，反而在進入敘事中心之前加了「中之前」，描寫紅娘將窗紙舐破向內窺探，這一番描寫有二層意義，一者在描寫紅娘身為丫鬟的身份，有此舉動是十分合理的，也強化了紅娘靈巧慧黠的性格形象；一則也藉紅娘之眼側面描寫了張生的苦悶。此時經過「中之前」的一番委折後，進入正「題」，亦即敘述的中心，作者仍不用直筆而改用閃轉靈動的手法描述。例如：張生問：「是誰？」紅娘答：「我是散相思的五瘟神。」，點出了張生苦悶的癥結所在。經紅娘的敘述，張生了解了鶯鶯的心意，原本敘述之「文」可能已經要「盡」了，但又多出了「中之後」，亦即張生託紅娘寄簡，而紅娘推說小姐見後必然生氣等細節。劇作家沒有讓紅娘看了張生後就直接回覆，反而又多生了張生寄簡的事件，來增加敘事的層次感。紅娘走後，張生興高采烈的以為鶯鶯看簡後必有好消息到來，以此做為敘事之收尾，觀者大可以為此是一個圓滿的收束方式，殊知此段是劇作家用以引出下文鶯鶯變臉的一種反跌的筆勢。

　　由以上的分析可以見出金聖嘆提出「那輾」之法，實際運用在文章的分析上時，可以使讀者觀察到敘事者對於事件鋪排時層層遞進的豐實敘事手法以及經營的苦心。

　　對於敘事層層遞進的方法，金聖嘆另提出了「月度迴廊」── 亦即「漸度」的筆法。他指出：

> 又有月度迴廊之法：如仲春夜和，美人無眠，燒香捲帘，玲瓏待月。其時初昏，月始東升，冷冷清光，則必自廊檐下度廊柱，又下度曲欄，然後漸漸度過閒階，然後度至瑣窗，而後照美人。須此多時，彼美人者，亦既久矣。明明佇立暗中，略復少停，其勢月亦必不能不來相照。然而月之必由廊而欄、而階而窗而後美人者，乃正是未照美人以前之無限如迍如邅、如隱如躍別樣妙境。非此，即將極嫌此美人，何故突然便在月下，為了無身份也。[58]

　　在〈寺警〉一折中，金聖嘆認為作者運用了「漸度」之法，不對想要表達的重心一下寫盡，反而是用「閒閒然」的態度先寫殘春，然後又「閒閒然」寫有隔花之一人，然後再「閒閒然」寫到酬韻之事。描寫到此卻突然止住，指出鶯鶯「身為千金貴人，吾愛吾寶，豈須別人提備」〈寺警〉，然後劇作家又「閒閒然」寫到「獨與那人兜的便親」。其實作者真正要寫的只在這一句上，但卻在之前描寫了一大篇，金氏認為這即是一種「漸度」的筆法。[59]

58　金聖嘆（批改）王實甫（原著），《金聖嘆批本西廂記》，〈寺警〉，頁87。上海：古籍出版社，1986。

59　金聖嘆指出：「而法必閒閒漸寫，不可一口便說者，蓋是行文必然之

　　儘管劇作家用此層次井然的敘事筆法來描寫，觀者要如何來體察行文者的用心所在呢？金聖嘆對此也有他的看法，他認為要「觀行文之人之心」在於找出「極微」之所在，亦即找出細節對於整體結構的意義所在：

> 曼殊室利菩薩好論極微，昔者聖嘆聞之而甚樂焉。夫婆娑世界，大至無量由延，而其故乃起於極微。以至婆娑世界中間之一切所有，其故無不一一起於極微。此其事甚大，非今所得論。今者，止借菩薩「極微」之一言，以觀行文之人之心。今夫清秋傍晚，天澄地徹，輕雲鱗鱗，其細若穀，此真天下之至妙也。野鴨成群空飛，漁者羅而致之，觀其腹毛，作淺墨色，鱗鱗然猶如天雲，其細若穀，此又天下之至妙也。草木之花於跗萼中，展而成瓣，苟以閒心諦視其瓣，則自根至末，光色不定，此一天下之至妙也。燈火之焰，自下達上，其近穗也，乃作淡碧色，稍上作淡白色，又上作淡赤色，又上作乾紅色，後乃作黑煙，噴若細沫，此一天下之至妙也。[60]

　　金氏在此用了四種在大自然中具體的事物來比喻「極微」之所在，他舉出清新傍晚之輕雲、野鴨之腹毛、草木之花萼以及燈火之焰心，其中都存在著極微小的組成物質，而我們所看到的是一個集合諸「微」而成的聚合體。

次第。」金聖嘆（批改）王實甫（原著），《金聖嘆批本西廂記》，〈寺警〉，頁 87-88。上海：古籍出版社，1986。

60　金聖嘆（批改）王實甫（原著），《金聖嘆批本西廂記》，〈酬韻〉，頁 62。上海：古籍出版社，1986。

　　極微包含著三種意義，其一是事物的最小組成成份；其二是這些基本成份的聚合；其三是事物內部極小成份間的細微運動及變化[61]。就金氏所指的表面意義上引伸而言，他是以自然界中體察「極微」的構成方法來用以體察劇作中敘事者的「行文之心」，使觀者能對存在於其間的細節描寫加以剖析，並進而找出細節對於整體所產生的意義。

　　與金聖嘆同樣對於題與文關係加以論述的尚有清代洪昇、孔尚任以及毛聲山。如洪昇在評呂熊之《女仙外史》時云：

　　　昉思曰…《外史》節節相生，脈脈相貫，若龍之戲珠，獅之滾球，上下左右，周迴旋折，其珠與球之靈活，乃龍與獅之精神氣力所注耳。是故看書者須睹全局，方識得作者通身手眼。[62]

　　又如孔尚任在《桃花扇》〈凡例〉中指出：

　　　劇名《桃花扇》，則桃花扇譬則珠也，作『桃花扇』之筆譬則龍也。穿雲入霧，或正或側，而龍睛龍爪，總不離乎珠；觀者當用巨眼。[63]

　　《桃花扇》一劇的整體貫串中心即在於以香君面血所點染之宮扇，這把宮扇代表著香君對愛情的忠貞以及誓死不屈的強烈性格，因此，宮扇在全劇中的出現不但具有聯繫劇中重要情節的功能，也成為劇中人物的精神象徵。孔尚任在此以「游龍戲珠」的比喻來揭示此劇的敘事重心。

61　參見陳竹於《明清言情劇作學史稿》中對金氏「極微」論的分析及看法，頁 230。武昌：華中師範大學，1991。

62　洪昇評呂熊之《女仙外史》第二十八回批語。呂熊《女仙外史》，頁 727。台北：天一出版社，1976。

63　孔尚任《桃花扇》，頁 11。台北：漢京文化事業有限公司，1984。

此外，毛聲山評點《琵琶記》也同樣提及：

> 文章緊要處，只須一手抓住，一口噙住，斯固然矣。然使才子為文，但一手抓住，一口噙住，則一語便了，其又安能洋洋灑灑，著成一部大書，而使讀者流連諷詠於其間乎？夫作者下筆著書之時，必現出十分文致，然後書成，而人讀之，領得十分文情。是故才子之為文也，既一眼覷定緊要處，卻不便一手抓住，一口噙住，卻於此處之上下四方，千迴百折，左盤右旋，極縱橫排宕之致，使觀者眼光霍霍不定，斯稱真正絕世妙文。今觀《琵琶》文中，每有一語將遍攏，一筆忽漾開去，漾至無可攏處，又復一遍，及遍到無可漾處，又復一開，如是者幾番，方纔了結一篇文字。正如獅子弄球，貓狸戲鼠，偏不便抓住噙住，偏有無數往來撲跌，然後獅子意樂，貓之意滿，而人觀之之意，亦大快也。[64]

毛氏在此所提出「文章要緊處」亦即是劇作家心中所要描寫的「題」，他認為劇作家在掌握住「題」後，所要採取的態度是「一眼覷定緊要處，卻不便一手抓住，一口噙住」，反而用一種欲擒故縱的方式，由各個不同的層面來描寫敘述，如此敘事才能不致枯淡。毛氏的說法是與金聖嘆相一致的，如其於《琵琶記》第四十齣〈李旺回話〉中云：

> 文章之妙，妙在無空落墨處，又妙在有空落墨處。墨之所染，無有一處落空，是其到也，是其密也。墨之

64　《第七才子書琵琶記》〈總論〉，毛聲山（評點）高明（原著），頁16、17。台北：文光圖書有限公司，1978。

所染，偏有一處落空，是其脫也，是其閒也。如李旺迎取蔡狀元家眷，既迎不著，及張公叫他路上尋覓道姑，又尋不著，回到京師，稟覆狀元，又稟覆不著，則寫一李旺，毋乃贅乎？曰非贅也，必有著落，而後寫之，則文無虛致矣。以無著落，而遂不寫之，則文有漏筆矣。且筆尖在此，而眼光在彼，若使李旺尋得著道姑，何以見尋夫者之不敢緩？不寫李旺稟覆不著狀元，何以見奔喪者之不敢遲？虛寫李旺一邊，正兼襯五娘伯喈兩邊，如此運筆，是有落空處，正是無落空處，脫處閒處，正是到處密也。[65]

此處安排李旺前往陳留接蔡伯喈的雙親落空後在途中又尋不著道姑，及至回到京師欲回覆蔡伯喈也同樣沒有著落。看似一段多餘的情節，但毛聲山卻認為作者要著意描寫的是伯喈與五娘。前者急於奔喪，後者急於尋夫，都是心上十分的急切，但《琵琶記》作者高明卻在此處的筆法上放空一著，使觀者看著被放空的李旺但心中卻懸念著五娘與伯喈。因此作者雖然著筆於李旺，但真正要表現的卻是蔡、趙二人。

毛聲山為金聖嘆評點系統的實際繼承者，因此他對於劇作家在處理題與文的關係上，有許多與金聖嘆相似的看法。如其論敘事的層層漸進，即上承金氏「月度迴廊」之說：

今觀《琵琶》，其緩處如迴廊渡月，其急處如急雷破電；其緩處如王丞相營建康，多其繞折，其急處如亞

65　《第七才子書琵琶記》〈總論〉，毛聲山（評點）高明（原著），頁 142。台北：文光圖書有限公司，1978。

夫將軍從天而降，出人意外，豈非希有妙文。[66]

　　毛氏認為《琵琶記》在描述五娘尋夫這一過程，歷經磨難，但卻又在彌陀寺中與伯喈擦身而過，令觀者甚為急切，但此時劇作家卻「偏不寫其相會，偏寫其當面錯過」，正如同《西廂記》中所採用的漸度筆法一樣。

　　經由上述可以得知，評點家看待題與文間的描寫方法上，採用的不是直筆而是曲筆的描述法，要在「題」之前之後將「文」作足，如此才能增加讀者閱讀時的趣味性及層次感。

（二）烘雲托月 —— 映襯烘托法

　　映襯烘托的筆法在戲曲評點的批語中經常被用來顯示主、次人物之間的關連性。不過映襯的筆法並不僅限於此，它也可以用來表述人物與環境間的關係或情節間的主次關連性。

　　金聖嘆在評論《西廂記》中的主次人物關係時，舉出了「烘雲托月」此一映襯烘托的筆法，其云：

　　亦嘗觀於烘雲托月之法乎？欲畫月也，月不可畫，因而畫雲。畫雲者，意不在於雲也。意不在於雲者，意固在於月也。然而意必在於雲焉。於雲略失則重，或略失則輕，是雲病也。雲病，即月病也。雲於輕重均停矣，或微不慎，漬少痕，如微塵焉，是雲病也。雲病，即月病也。於雲輕重均停，又無纖痕漬如微塵，望之如有，攬之如無，即之如去，吹之如蕩，斯云妙矣。雲之與月，正是一副神理，合之固不可得而合，而分

66　《第七才子書琵琶記》〈總論〉，毛聲山（評點）高明（原著），頁17。
　　台北：文光圖書有限公司，1978。

之乃決不可得而分乎？《西廂》第一折之寫張生也是
已。[67]

　　所謂「烘雲托月」的筆法，即在顯示作者心中雖以鶯鶯
爲全劇的中心人物，也就是「月」，但在未正面描寫鶯鶯前，
應該先對能點染鶯鶯這個主要人物身邊的次要人物加以描
摹，以做爲烘托襯映鶯鶯之用。這也就說明了創作者對於表
象和意蘊二者間的一種處理技法。

　　金氏在〈驚豔〉這一折中，明白指出意欲描寫鶯鶯（月），
則必先寫好張生（雲）這個角色。因爲雲是用來烘托月這個
主題的，如果在寫雲之時處理不當，而造成輕重失調，那是
會影響「月」的完美形象的。因爲鶯鶯是「國豔」、是「天人」，
《西廂》是專爲寫鶯鶯而設的，但「將寫雙文而寫之不得，
因置雙文勿寫，而先寫張生者，所謂畫家烘雲托月之秘法。」。
不過，要寫張生也不能隨意塗抹，因爲正是把次要人物描摹
得恰當，才足以產生襯托之效。因此在此折要寫張生絕不能
帶有「狂且身份」，如此才能見出鶯鶯的高超眼光，才能點染
其「至尊貴」、「至靈慧」的完美形象。

　　金聖嘆提出「烘雲托月」的映襯烘托法後，毛聲山繼續
踵事增華，他在評點《琵琶記》〈總論〉中亦指出：

　　　才子之文，有著筆在此而注意在彼者，譬之畫家，花
　　　可畫，而花之香不可畫，於是舍花而畫花傍之蝶，非
　　　畫蝶也，仍是畫花也。雪可畫，而雪之寒不可畫，於
　　　是舍雪而畫雪中擁爐之人，非畫爐也，仍是畫雪也。

---

67 金聖嘆（批改）王實甫（原著），《金聖嘆批本西廂記》，〈驚豔〉，頁
　　34。上海：古籍出版社，1986。

月可畫，而月之明不可畫，於是舍月而畫月下看書之
人，非畫書也，仍是畫月也。高東嘉作《琵琶記》多
用此法。[68]

毛聲山認為畫家要畫花之美，是可以用具體形象來加以
描繪的，但對於花的香氣，卻無法畫出，因此轉而畫蝴蝶，
蝴蝶因花的香氣被吸引而來，所以畫蝴蝶是對花起了襯托的
作用。同理，畫雪中擁爐之人及月下看書之人，也都是為了
要襯托「雲之寒」與「月之明」而用的描繪手段。毛氏在此
處明顯的是繼承金聖嘆的觀念，但較金氏更進一步的捻出襯
托法不但要描繪出主要對象之形，更重要的是能傳達出對主
要對象之「神」的點染[69]。

既然在描寫對象上要分出主次，那麼在劇作家用筆之時
是否需有不同的差別呢？毛聲山認為：

高東嘉作《琵琶記》，直是左丘明、司馬遷現身，看
他正筆首寫伯喈，次寫趙五娘，次寫牛小姐，次寫蔡
公蔡母，次寫牛丞相，次寫張太公，既極情盡致，而
更閒筆寫花，寫月，寫雪，寫琴，寫注，寫寒門，寫
閭閻，寫旅次，寫考場，寫瓊林，寫早朝，寫花燭，

---

68 《第七才子書琵琶記》，毛聲山（評點）高明（原著），頁 14。台北：
文光圖書有限公司，1978。

69 參見葉長海《中國戲劇學史稿》，中對毛聲山評點《琵琶記》中的看
法。台北：駱駝出版社，頁 483，1987。葉長海認為毛聲山此處對於
描寫對象需「傳神」的觀念，可以上溯至王思任所提出的描風、幹空
手段。王思任於〈批點玉茗堂還魂記序〉中云：「火可畫，風不可描；
冰可鏤，空不可幹。蓋神君氣母，別有追似之手，庸工不與耳。古今
高才，莫高於《易》。《易》者，象也。象也者，像也。」其中描風、
幹空應即是針對湯顯祖描繪「情」能得其神理而加以讚揚。《煖紅室
彙刻傳奇》，頁 97。廣陵古籍刻印社。

寫義倉，寫墳墓，寫寺院，寫道場，寫書館，寫院子，
寫梅香，寫老嫗，寫媒婆，寫里正，寫社長，寫糧官，
寫試官，寫赴試秀才，寫陪宴官，寫黃門官，寫山神，
寫鬼使，寫拐兒，寫和尚，寫馬，無不描頭畫角，色
色入妙，與所謂搏兔搏象，俱用全力者也。[70]

　　毛氏在此以正筆來表示對人物的描繪，以閒筆來表示對
景與物的摹寫，雖有正、閒的區分，但劇作家在用筆時卻必
須「搏兔搏象俱用全力」，因此雖為閒筆，仍要盡心勾勒，如
此才能收映襯之功。不過雖然劇作家對於細節亦須著力描
寫，但卻要有「輕重詳略」的分別：

雖云搏兔搏象，俱用全力，而正筆閒筆，又有輕重詳
略之分，正筆宜重宜詳，閒筆宜輕宜略。畫家之法，
遠水無波，遠山無皺，遠人無目，遠樹無枝，非輕之
略之，其理應如是也。蓋其注意者，只在最近之一山
一水，一人一樹，而其餘則只淡淡著墨而已。[71]

　　所以劇作家除了在面對描寫對象時要分出主、次，對於
正筆、閒筆的經營則要注意其中的輕重詳略，如此才不會因
著力的不當而導致失焦之弊。

　　除了寫人寫景以正筆、閒筆來加以概括外，毛氏針對人
物性格的描寫，尚提出有正筆、旁筆的看法：

將寫牛氏之賢於後，先寫牛氏之貞於前。寫其賢於後
者，旁筆也，寫其貞於前者，旁筆也，而旁筆之中，

70　《第七才子書琵琶記》〈總論〉，毛聲山（評點）高明（原著），頁14。
　　台北：文光圖書有限公司，1978。
71　《第七才子書琵琶記》〈總論〉，毛聲山（評點）高明（原著），頁15。
　　台北：文光圖書有限公司，1978。

又有旁筆焉。牛氏之貞，不能自述，則於奴僕口中述
之，牛氏自守之貞，不可見，則於其規奴見之。自言
其貞，不若使人言其貞，唯能使人盡言其貞，而其貞
不待自言而明矣。以貞自守，而若不能以貞規奴，必
將見移於不貞之奴，而其貞必不固，縱令不為所移，
而奴之不貞，必將上累其貞之名，而其貞亦不白；唯
能使不貞之奴，亦受制於其貞，而其自守之貞，乃無
疑矣。大約文章之法，於正筆則著墨無多，全賴旁筆
寫之襯染，至於襯染既精，覺旁筆皆成正筆，則才子
之才，真有化工之手也。[72]

　　毛聲山此處將牛氏的主要性格「貞」及次要性格「賢」
以正筆、旁筆做出區分，認為劇作家對於人物主要的性格特
徵不應多所著墨，反而應該在次要性格上加以盡力描摹，用
旁筆映襯烘托的敘事技法來強化人物主要性格的完美。

　　同樣對於映襯筆法十分著重的尚有清人吳儀一。吳氏於
其所評點之《長生殿》中，對劇本中採用「側筆映襯」之法
的地方常常加以提舉點明，如於其〈禊遊〉中指出：

行文之妙，更在用側筆襯寫。如以游人盛麗，映出明
皇貴妃之縱佚；以遺鈿墜舄，映出三國夫人之奢淫並
祿山之無禮，國忠之蕩檢，皆於虛處傳神。觀者當思
其經營慘淡，莫徒賞絕妙好辭也。[73]

72　《第七才子書琵琶記》第三齣〈牛氏規奴〉，毛聲山（評點）高明（原
　　著），頁9。台北：文光圖書有限公司，1978。
73　吳舒鳧評本《長生殿》〈楔遊〉，洪昇原著，頁 10。台北：文光圖書
　　公司，1969。

於〈舞盤〉中指出：

> 意在寫發荔枝，卻以戚畹賀禮引起，是文章陪襯之法。
> 意在舞盤，亦先以梨園引起。[74]

於〈窺浴〉中指出：

> 華清賜浴一事，不寫則為掛漏，寫則大難著筆。作者
> 於冊立時點明，此復用旁筆映襯而寫明皇同浴，永、
> 念竊窺，以避漢成故事，真窮妍盡態之文。[75]

於〈刺逆〉中指出：

> 此處點出豬龍，為後〈雨夢〉折見豬龍伏案，然卻是
> 序豬兒取名原由，奇想妙筆。或謂此折當扮豬龍上場
> 醒目，不知是劇故全用側寫映襯也。[76]

於〈雨夢〉中指出：

> 夢境中大水數見不鮮矣，卻以曲江襯出，將歡娛舊地
> 變成荒涼，又洪水中幻出豬龍，為祿山結案，豈是尋
> 常思議所及。或疑豬龍當於〈刺逆〉折見之，令人醒
> 目，此處翻似贅疣。不知劇中純用側寫，文章靈妙法
> 門無一呆筆板墨也。[77]

　　在數齣之中，吳氏都能精當的點出劇作家何處用側筆襯
寫，何處用旁筆映襯。對於劇作家用筆時的「經營慘淡」，吳

---

74 吳舒鳧評本《長生殿》〈舞盤〉，洪昇原著，頁 39。台北：文光圖書
　公司，1969。

75 吳舒鳧評本《長生殿》〈窺浴〉，洪昇原著，頁 54。台北：文光圖書
　公司，1969。

76 吳舒鳧評本《長生殿》〈刺逆〉，洪昇原著，頁 89。台北：文光圖書
　公司，1969。

77 吳舒鳧評本《長生殿》〈雨夢〉，洪昇原著，頁 121。台北：文光圖書
　公司，1969。

氏認爲觀者應「莫徒賞絕妙好辭」，而應該進一步體察到劇作家籌劃謀略的「行文之心」。

（三）羯鼓解穢 —— 節奏調劑法

　　戲曲敘事速度的快慢張弛，我們可以借用音樂的名詞，將之稱爲節奏。節奏的安排往往會直接影響到一部戲所給予觀眾在情緒上的感受，也直接表現了劇作家對於整體的情節結構經營的是否得宜，因此，將一部戲的節奏調劑得法，是劇作家創作成功的一大要務。

　　戲曲評點家較早對於敘事節奏實際用於評論之人爲明代李贄，李贄於評《玉合記》中指出：

　　此記亦有許多曲折，但當要緊處卻緩慢，卻泛散，是以未盡其美。[78]

　　李氏評《玉合記》一劇認爲，其情節的鋪排雖有曲折變化之處，但在敘事的重點部份卻失於拖沓，使觀者有泛散緩慢之感而不夠緊湊，因此這是《玉合記》調配敘事節奏失當之處。

　　李贄對於敘事節奏的安排上十分在意，他在評點《琵琶記》及《幽閨記》時，也針對這個問題提出他的看法，如其評《琵琶記》第三齣〈牛氏規奴〉：

　　只這繁簡不合宜，便不及《西廂》、《拜月》多了。[79]

78　李贄《焚書》，〈雜述·玉合〉收於張建業等編《李贄全集注·卷2》，頁128。北京：社會科學文獻，2010。
79　李贄《焚書》，收於張建業等編《李贄全集注·卷2》，頁486。北京：社會科學文獻，2010。

評《琵琶記》〈春夜杏園〉：

　　繁冗可厭，如何比得《拜月》、《西廂》之繁簡合宜也。[80]

對於《琵琶記》，李氏是提出了在敘事上繁簡調劑失當的弊病。

至於評《幽閨記》云：

　　妙處在繁簡。[81]

　　敘事不繁，填詞潔淨。[82]

李氏在此亦是針對敘事節奏的角度來提示《幽閨記》在敘事繁簡安排上的優點。因此，如果從敘事節奏的這個角度來看李贄對《琵琶記》、《西廂記》及《拜月亭》的優劣品評，那麼顯然《琵琶記》在這個方面是較爲失敗的作品。

　　戲曲情節的鋪排應講求繁簡合宜。繁者乃是對於劇中重要情節或重要轉折之處，要能盡力發揮，詳細描寫，是劇作家集中筆墨的關鍵所在。簡者乃是對於劇中次要的情節應適度加以剪裁，用簡練的方式安排於敘事結構中，使其能達到最好的輔助效用。如果劇作家對重要情節使力過輕，就會造成整體結構顯現出倉促的弊病。反之，如劇作家對於次要情節使力過重，大肆鋪敘不知節制，又會造成整體結構過於散漫冗長，凡此都是對於敘事節奏繁簡安排失當所產生的問題。

80　李贄《焚書》，收於張建業等編《李贄全集注・卷2》，頁495。北京市：社會科學文獻，2010。

81　李贄評點，李耘摘編《李卓吾先生評點幽閨記評語批語摘編》，收於張建業等編《李贄全集注・卷20》，頁549。北京：社會科學文獻，2010。

82　李贄評點，李耘摘編《李卓吾先生評點幽閨記評語批語摘編》，收於張建業等編《李贄全集注・卷20》，頁549。北京：社會科學文獻，2010。

　　金聖嘆對於如何調劑一齣戲的敘事節奏曾經提出一項傳神的比喻：

> 文章有羯鼓解穢之法，如李三郎三月初三坐花萼樓
> 下，敕命青玻璃酌西涼葡萄酒，與妃子小飲。正半酣，
> 一時五王三姨，適然俱至，上心至喜，命工作樂。是
> 日恰值太常新制琴操成，名曰《空山無愁之曲》。上
> 命對御奏之，每一段畢，上攢眉視妃子，或視三姨，
> 或視五王，天顏殊悒悒不得暢。既而將入第十一段，
> 上遽躍起，口自傳敕曰：「花奴取羯鼓速來，我快欲
> 解穢！」便自作《漁陽摻撾》淵淵之聲，一時欄中未
> 開眾花，頃刻盡開。[83]

　　此段故事中言明，唐明皇因反覆聽〔空山無愁之曲〕這種冷靜之曲，使得情緒受到影響而產生鬱悶沉緩的感覺，但他後來轉用〔漁陽摻撾〕這種情感強烈的曲調來加以調節，使原本低調的情緒轉而激越高昂，金聖嘆用此來比喻戲曲的敘事節奏亦然。

　　劇作家在考慮情節安排時，應該避免一味的單調、冗長、沉悶，但反之也應避免一味的激昂、緊張、急切。好的情節安插應以張弛相間，起伏有致，急緩相濟為依歸。以《西廂記》〈惠明下書〉這一段情節而言，金氏說明：

> 此言鶯鶯聞賊之頃，法不得不亦作一篇。然而勢必淹
> 筆漬墨，了無好意。作者既自折盡便宜，讀者亦復乾
> 討氣急也。無可如何，而忽悟文章舊有解穢之法，因

83　金聖嘆（批改）王實甫（原著），《金聖嘆批本西廂記》，〈寺警〉，頁88。上海：古籍出版社，1986。

而放死筆，捉活筆，陡然從他遞書人身上，憑空撰出
一莽惠明，以一發洩其半日筆尖嗚嗚咽咽之積悶。杜
工部詩云：「豫章翻風白日動，鯨魚跋浪滄溟開。」
又云：「白摧朽骨龍虎死，黑入太陰雷雨垂。」便是
此一副奇筆，便使通篇文字立地煥若神明。此為後賢
所宜善學者，又一也。[84]

　　金聖嘆認為在〈白馬解圍〉這一折中，主要表達孫飛虎
兵圍普救寺要搶鶯鶯這一件事。此時鶯鶯處於危急緊張的境
況，如果一直維持這種情緒基調，亦使觀者覺得無味且疲勞，
此時作者創造出一個莽惠明來，便使整體的情緒氣氛轉變，
這種筆法，金氏稱之「放死筆，捉活筆」[85]。

　　在一部戲中，除了要掌握觀者情緒的張弛調和外，對於
敘事結構的大小、輕重，劇作家也應加以適當的調配安排。
金聖嘆曾以「洞天福地」、「一橋一樹」為喻，將戲曲的敘事
結構比成游山，而游山的過程中有海山方嶽，有洞天福地。
不過如果整個旅途中除了有「為峰、為嶺、為壁、為溪」之
妙外，尚能加上「一略約小橋、一槎枒獨樹、一水、一村、
一籬、一犬」這些平常風景搭配於其間，如此才能更加襯托
前者的雄偉，亦能見出後者的恬美。因此，一劇之中務必要

---

84 金聖嘆（批改）王實甫（原著），《金聖嘆批本西廂記》，〈寺警〉，頁
　　88。上海：古籍出版社，1986。

85 關於對觀劇者情緒基調的調節，譚帆於《金聖嘆與中國戲曲批評》中
　　有過一段說明：「藝術作品在結構安排之上要適合欣賞者的審美心
　　理。而具體體現在藝術結構的節奏表現上，那就要注意藝術節奏的「冷
　　熱相濟」，使欣賞者在鬱悶、沉寂的精神狀態下轉向愉悅、輕快的審
　　美心境，從而獲得審美享受。」，頁106。上海：華東師範大學出版
　　社，1992。

使結構的布局能輕重得宜，緩急相錯，方是妙手。正如同《西廂記》於破賊及賴婚兩大重要情節間，加入了〈請宴〉一折，使原來的〈寺警〉與〈賴婚〉較重的筆觸中加入了輕鬆的描寫，在兩大波瀾之間能「紆其勢」而行，如此才是節奏調濟使其錯落有致的成功技法。

　　清人毛聲山對於《琵琶記》一劇的敘事節奏也曾經加以注意，其於〈總論〉中說：

> 《琵琶》文中，有疑合忽離，疑離忽合者，即如〈幾言諫父〉一篇，偏不寫其從諫，偏寫其語言觸忤，卻不料有〈聽女迎親〉一篇，陡然一悔。又如〈寺中遺像〉一篇，偏不寫其相會，偏寫當面錯過，卻不料有〈兩賢相遇〉一篇，突如其來。大約文章之妙，妙在人急而我緩之，人緩而我急之，人急而我不故示之以緩，則文瀾不曲，人緩而我不故示之以急，則文勢不奇。[86]

　　毛氏認為，在觀劇者心中情緒急切之時，劇作者卻故意放慢節奏「示之以緩」；而當觀者在情緒鬆弛之時，劇作家此時偏偏「示之以急」，如此緩急互用，才能保持觀劇者情緒的起伏波瀾，使之有追索後文的興趣。對於《琵琶記》實際上緩急互用的手法，毛氏在三十齣〈瞷詢衷情〉中言明：

> 文章前後步驟之妙，全在淺深緩急之間，前宜淺而遽深之，失在急，後宜深而故淺之，失在緩；使狀元愁而夫人置之不問，則夫人太覺無情，使夫人一問，便

86　《第七才子書琵琶記》〈總論〉，毛聲山（評點）高明（原著），頁17。台北：文光圖書有限公司，1978。

要討個明白，夫人又欠大意。前琴訴荷池之文，狀元
口中隱隱躍躍，夫人口中亦則間間冷冷，不得不詢，
更不多詢，固是絕妙用筆。

緩後忽用急筆，急後又忽用緩筆，文心變化，一至於
此，此豈復近日傳奇之家，所能學步者哉？[87]

　　毛聲山認爲〈瞷詢衷情〉一折之妙處，在於牛氏欲探詢
蔡伯喈愁悶之因，雖前有「四猜」對丈夫的心事加以猜測，
但卻沒有得到答案。而蔡伯喈原想將實情告知夫人，卻又踟
躕不決，劇作家在此處用了「曲筆」的方式對這個觀衆急欲
想知道的結果故意密而不宣，但當答案揭曉時，牛氏卻是在
丈夫自言自語時背地得知。因此，毛氏認爲此折前面用的是
緩筆，在於引出觀者的觀看興趣；後者用的是急筆，在於謎
題揭曉的時候，給觀者一種豁然開朗的感受。如此的急緩互
用，正是構成文章曲折勢奇的不二法門。

　　基於同樣的創作手法，吳儀一亦於評點《牡丹亭》時指出：

不說姓名，只酬一嘆，巧釋柳生之疑，亦是用緩法。

若急說出，不但柳生驚怪，並後〈旁疑〉、〈歡撓〉、〈冥
誓〉諸曲波瀾，皆無由生矣。[88]

　　吳氏在此所點明的「用緩之法」，實與毛聲山之「緩筆」
的意義相同。杜麗娘在此折不說明她的身份其功用有二，其
一是向柳生賣了一個關子，是一種瞞劇中人不瞞觀衆的做

87　《第七才子書琵琶記》〈瞷詢衷情〉，毛聲山（評點）高明（原著），
　　頁101。台北：文光圖書有限公司，1978。
88　見《吳吳山三婦合評牡丹亭還魂記》卷上〈幽媾〉，頁96。清芬閣藏
　　版。

法，如此敘事可免平鋪直敘。其二是爲後面〈旁疑〉、〈歡撓〉、〈冥誓〉等情節埋下伏筆，並藉以懸宕觀者的情緒。

　　評點家對於敘事技巧的追求可謂不遺餘力，由題與文的描寫到對主題的映襯烘托再到敘事節奏的調劑，凡此都是經過許多評點家對於敘事作品抽絲剝繭，反覆推敲所得來的心血結晶。其實，戲曲評點中對於敘事技巧的相關論述並不僅止於本節的三個論題，本節乃僅就其中犖犖大者加以抽出討論。

六、結　語

　　由早期「點悟式」的零散批評，至金聖嘆之《西廂記》逐字逐句細密的評點，可以見出古典戲曲的評點作品已日趨縝密完熟。而就評點家在作品的批語中所呈現的敘事觀而言，在劇本的敘事結構上講求布局要圓妥，亦即必須具備一個首尾具全的整體結構，此爲評點家們對結構布局一致的要求。在有了一個完整的敘事結構後，劇作家即需面對如何將所選取的事件一一鋪陳出來，因此如何次第展現敘事結構就十分重要，因爲這牽涉到劇作家結撰劇本的功力高下及敘事能力的良窳。在這方面的評點作品中，以金聖嘆對於《西廂記》敘事結構的條分縷析最爲精當而細膩。

　　除了對敘事結構的整體布局及層次鋪排加以注目外，評點家們對於敘事的技法也非常重視，他們在評點戲曲作品中時時獨出機杼，爲劇作家的敘事技法抽絲剝繭地加以分析及訂定各種筆法的名稱與定義，使得讀者能夠對於劇作家的寫作手法更加有一個清晰的脈絡可尋。

　　對於戲曲評點家於其評點作品中所呈現的敘事觀已如上述，不過嚴格看來，真正具有較完整系統者，僅有金聖嘆一人而已。其餘評點家偶或有新的見地，也大多偏於一隅，並不如金聖嘆所呈現出多角度的視野來的完善，因此，以戲曲評點作品而言，針對敘事觀的建構這點來看，金聖嘆為其大成者，金氏之後，能夠繼承其體系而又復加以發揚者，真可謂鳳毛麟角了。

貳、古典戲曲評點敘事理論中的
人物論述

一、前　言

　　戲曲動作及事件推展的主要樞紐在於人物，因此戲曲人物論應爲研究戲曲敘事理論的一個關鍵重點。然而如果我們檢視中國古典劇論作品時，卻發現對於戲曲人物的相關論述及闡發不但較爲薄弱並且十分零散。實際上，戲曲人物論在中國古典戲曲理論史上也是較爲晚出的一項，而在整體論述的呈現上並未成爲一種系統性的理論，不過戲曲事件的推動及發展必須仰賴人物自是毫無疑問，因此戲曲人物論應是研究敘事理論所不可或缺的一個重點所在。

　　明代中期以後，關於戲曲人物的論述漸次出現，一方面可能由於此時期戲曲評點的作品開始發展，評點的重心乃執著於對劇作家事件鋪排優缺點的評論，因此推動事件發生及動作的軸心 ── 人物，即順勢成爲劇論家所關注的一項要素。而對於戲曲的本體條件而言，其必須是「代言體」的表述方式，劇作家藉人物來發聲，並敷演事件，因此對於戲曲

人物在戲曲敘事中的重要性，也成爲劇論家所考慮及論述的
對象。

二、類型與典型 ── 戲曲人物的塑造取向

　　研究戲曲人物的學者，大致上都可以有一共同的感受，
那就是中國古典戲曲中所塑造的人物大多有著類型化的取
向。當我們觀看劇作時，劇中人物那種可以「一言以蔽之」
的個性常常會浮現在腦中，諸如此類的人物形象，通過經驗
的積存，我們往往可以直接判定其爲善、惡、忠、奸而毫無
失誤。例如看到孔明就得知其人足智多謀，曹操必定狡詐機
深，關雲長必定忠肝赤膽，張飛必定粗莽豪放等等，會造成
觀者這種制約式的聯想，即是戲曲人物「類型化」的顯証。
中國古典戲曲人物之所以產生如此的特點，趙山林曾認爲：

> 我國在古代戲劇人物的塑造確實存在類型化的傾
> 向。這一方面導源於古代戲劇勸善懲惡、扶正去邪的
> 藝術功能和古代觀眾善善惡惡、是非分明的審美心理
> 定勢，另一方面也與腳色行當分工的固定有著密切的
> 聯繫。[1]

　　趙氏認爲戲曲人物類型化源之於兩種因素，一爲戲曲本
身所根深蒂固的教化功能，另一則爲戲曲扮演時腳色的分工
制度。然而，如果我們只把「類型化」視爲戲曲人物的唯一
特點，那就未免失之偏頗，因爲戲曲人物並不盡然都是所謂

---

1 趙山林《中國戲劇學通論》，頁 444。合肥：安徽教育出版社，1995。

「扁平型」的人物，相反的，在戲曲作品中對於主要角色的點染，常常十分多變且各具特性，對於這種現象，我們就無法以「類型化」來加以全部概括，對此，王瑷玲曾將之定義爲「典型化」[2]。

如果我們要粗略的將典型化人物與類型化人物加以區分的話，存在於古典戲曲作品中的主要人物，大部份是屬於典型化的類型，其中尤以主要角色爲首要對象；而一部戲曲作品中除了主要角色之外，另有許多不同層面上的次要人物，對於這些人物的處理，就較偏向於類型化的描繪。事實上，戲曲作品中對於人物的塑造取向往往同時採用此二者交互使用，因爲次要角色往往較不重個體性，因此以「類」來代表其鮮明性格，可以使觀者不必費心去解析其個性，「一目到底」

---

2 王瑷玲於《明清傳奇名作人物刻劃之藝術性》一書中，對於戲曲人物的「典型化」及「類型化」曾加以明確的界定，他認爲：「『典型化』，包括藝術概括和個性化，也包括藝術虛構與藝術誇張。『典型化』，就是作家馳騁藝術想像，把生活中某一類人的性格特徵集中概括到一個人身上，並予以誇大、加深與特殊化。只有進行了『典型化』，使人物既有鮮明的個性又有充分『類』的普遍性，既是獨特的『這一個』，又是整個同類人的代表，這樣的人物才算得是『典型人物』。」至於「類型化」實則與「典型化」在某種層次上的意義是相似的，但卻缺少了獨特性及特殊化的過程。王氏指出：「典型人物不等於類型人物。一般而言，類型人物雖是以『相似性』爲主要特徵，但在這種相似性中所有的只是偶然的條件下具有『理想可能』的不理想現實物，因此不論情節如何離奇、矛盾如何激烈，不過是把人物性格的一些特徵在缺乏深刻認識的狀態中一再重覆的凸顯出來，並沒有探索到人的精神性的理想層面。戲曲以情節爲主的喜劇、鬧劇中不乏這樣的類型人物，許多定型的配角如媒婆（彩旦）、紈褲子弟（丑）、丫鬟彩女（小旦）、士兵（武行）等大都是類型人物。」頁 101、113。中山學術文化基金會，1998。本小節標題所分之「類型」與「典型」，其定義即採用王氏之說。

的表現法，亦可以不與主要角色相混雜，因而能使劇作家集中筆力塑造「典型化」的主要角色。

李漁曾言：

> 傳奇無實，大半皆寓言耳，欲勸人為善，則舉一孝子出名，但有一行可紀，則不必盡有其事，凡屬孝親所應有者，悉取而加之，亦猶紂之不善不如是之甚也。一居下流，天下之惡皆歸焉，其餘表忠、表節與表種種勸人為善之劇，率同於此。[3]

李漁在此，除了表述其對戲曲敘事虛實論的看法外，也同時指出曲家在造人物時，並不需要事事求真求實，對於一個「典型化」的角色，往往加深他在形象上給人的印象大過於對事件真實性的追索。因此，為了突出他所具有的善惡特質，劇作家可以把許多不是人物本身實際發生的事件加諸其身。吳儀一在評點《長生殿》時亦言及：

> 賄宇祿山，本李林甫事，劇中恐多枝節，移置國忠，亦因召亂而文致之。所謂君子惡居下流，勿疑與正史相反也。[4]

吳氏對於事件的移置以便於強化人物特徵的觀念，是與李漁相一致的。

對於「典型化」人物的塑造，金聖嘆在評點《西廂記》時說到：

> 雙文，天下之至尊貴女子也，雙文，天下之至有情女子也，雙文，天下之至靈慧女子也，雙文，天下之至

3　《閒情偶寄》，頁 16。台北：長安出版社，1990。
4　《長生殿》，吳舒鳧評本，頁 5。台北：文光圖書公司，1967。

> 矜尚女子也。(《金聖嘆批本西廂記》[5]

> 《西廂記》寫張生便真是相府子弟,便真是孔門子
> 弟,異樣高才,又異樣苦學,異樣豪邁,又異樣淳厚,
> 相其通體自內至外,並無半點輕狂,一毫奸詐。[6]

　　為了使主要人物鶯鶯與張生能符合他心中的理想模式,
金氏不惜對此二者在形象及戲劇動作上加以更改,以期能達
到他所認為的「一致性」……他並認為這兩個人的形象,已
經成為天下「才子佳人」所共有的典型,當然這也反映了在
金氏心目中對於才子佳人的定義。

　　如果說金聖嘆對於人物的典型化是採取一種絕對化的塑
造手段,那麼毛聲山在評點《琵琶記》時,對於原作中如何
描摹「慈父慈母」及「孝子孝媳」,就更能由人物的細部心理
活動所引發的戲劇動作來加以挖掘及闡發:

> 今觀《琵琶》一書,所以繪天性之親者,抑何其無不
> 逼真、無不曲至乎!于父母之愛子,則一寫其逼試,
> 一寫其嗟兒;于舅姑之愛媳,則一寫其見糠而悲,一
> 寫其遺筆而逝;于子之念父母,則寫其卻婚,寫其辭
> 官,寫其還鄉,寫其寄書。寫其臨風而悼于“新篁池
> 閣”之時,寫其對月而嗟于“萬里長空”之夜。子媳
> 之奉舅姑,則寫其請糧,寫其進藥,寫其剪髮,寫其
> 築墳,寫其畫真容于紙上,何啻慍聞傻見之誠,寫其

5　《金聖嘆批本西廂記》,三之三〈賴簡〉,頁 179。上海:古籍出版社,
　　1986。
6　《金聖嘆批本西廂記》,〈讀法五十五〉,頁 20。上海:古籍出版社,
　　1986。

> 抱琵琶于道中，不減行哭過市之慘。其描畫慈父慈
> 母，孝子孝媳，可謂曲折淋漓，極情盡致矣。[7]

毛氏在此對於典型化人物的描述，緊緊抓住了「慈」與「孝」兩個特性，將《琵琶記》蔡公、蔡婆及伯喈、五娘的特性，配合情節的推衍及種種戲劇動作做出了合理的詮釋。

趙山林認為戲曲人物塑造的類型化，是受到了扮演時腳色行當的分工影響，根據戲曲人物的忠、奸、善、惡等來劃分個性，做為一個整體的大類型，因此，類型化的行當分工對於戲曲人物的設計上也起了某種程度上的制約作用。李漁認為：

> 極粗極俗之語，未嘗不入填詞，但宜從腳色起見。如
> 在花面口中，則情恐不粗不俗，一涉生旦之曲，便宜
> 斟酌其詞，無論生為衣冠仕宦，旦為小姐夫人，出言
> 吐詞，當有雋雅雍容之度。即使生為僕從，旦作梅香，
> 亦需擇言而發，不與淨丑同聲，以生旦有生旦之體，
> 淨丑有淨丑之腔故也。[8]

李氏為清代戲曲大家之一，他對於種種創作劇本的法則十分精通，因此由於創作的實際經驗，他認為要使劇中人物的語言聲口能都符合他們的身份及性格，就必定要先考慮扮演人物的腳色行當類型，花臉不可用太文太細之曲，生旦卻又不可用太粗太俗之詞，這是古典戲曲劇作家對於人物語言調配的一個基本認知。

7　《第七才子書琵琶記》〈副末開場〉，頁 1。台北：文光圖書有限公司，1978。

8　《閒情偶寄》〈戒浮泛〉，頁 21。台北：長安出版社，1990。

王國維於〈古劇腳色考〉中將戲曲腳色行當的內涵分爲三種：

> 一表其人在劇中之地位，二表其品性之善惡，三表其氣質之剛柔。[9]

正如同在元雜劇中之正末、正旦及南戲、傳奇中之生、旦一定爲劇中之主角般，其地位遠高於其他腳色。

對於古典戲曲而言，品性的善惡是可以藉著形貌的美醜來加以外化的，這點我們可以由人物的臉譜畫法得到很好的印證，花臉的面相與小生絕不相同，小生在戲曲裝扮上永遠是英俊瀟灑，風流偶儻。正如同丑婆與青衣的扮相也截然不同一樣：

> 元明以後，戲劇主人翁，率以末旦或生旦爲之，而主人之中多美鮮惡，下流之歸，悉在淨丑。[10]

而李漁也同樣認爲一般劇作家在創造戲曲人物時：

> 心之所喜者，處以生、旦之位，意之所怒者，變以淨、丑之形。[11]

此種「加生、旦以美名」、「抹淨、丑以花面」的情形，都是劇作家將戲曲人物本身所帶有的性格特點，藉著形象所加以外化的結果。而至於氣質剛柔的塑造，劇作家也有一定的規範。大家閨秀多具有溫婉而柔順的性格，丫鬟奴僕性子則較爲直率；溫良恭儉的讀書人性格中多少帶點懦弱，而殺

9　此文收入《王國維戲曲論著》，頁 241-242。台北：純真出版社，1982。
10　《王國維戲曲論著》，頁 242。台北：純真出版社，1982。
11　李漁《閒情偶寄》〈詞曲部・結構第一〉「戒諷刺」條，頁 8。台北：長安出版社，1990。

人越貨的江洋大盜氣性泰半粗豪。

　　清康熙年間流傳之吳吳山三婦《新鐫繡像玉茗堂牡丹亭》
一書，即以人物類型來品評《牡丹亭》一劇。此書爲吳儀一
前後三任妻子合力所評寫，即已聘但未婚即歿的陳同、婚後
三年而故的談則及續妻錢宜，前後歷經三十餘年才成，是戲
曲評論中極少見以女子觀念來品評戲曲的作品。在書中對於
杜麗娘以「小姐」這樣類型的性格爲出發點，來對情節及人
物動作加以論述的地方有多處，例如〈肅苑〉一齣批語：

　　　說得如此端莊，方是千金小姐身份。

〈鬧殤〉中批語：

　　　小兒女帶哭數說。

　　　全是刻劃小姐端莊。

〈幽媾〉中批語：

　　　千金小姐，踽踽涼涼來尋幽會，其舉止羞澀乃爾。

　　　展香魂而近前，豔極矣，觀其悲介，仍是千金身份。[12]

　　等等諸如此類評語，均是著眼於杜麗娘這種「千金小
姐」、「大家閨秀」的身份地位來評斷戲劇人物於劇中動作的
合理性。

　　戲曲人物類型化對整體戲曲敘事結構所帶來的影響，歷
來學者有兩極化的不同評價，一類學者認爲類型化人物正是
中國古典戲曲的一種特色，配合上腳色行當的分類，使得古
典戲曲在人物上的運用迥異於西方戲劇。而另一類學者則是
對此加以否定，他們大多認爲戲曲人物塑造的類型化，造成

12　參看王永健《湯顯祖與明清傳奇研究》一書之〈論吳吳山三婦合評本
　　《牡丹亭》及其批語〉一文，頁 94。台北：志一出版社，1995。

了戲曲千人一面千部一腔的弊病，人物在戲曲之中善者恆善，惡者愈惡，人物的面目相似，缺乏個別性。

此外，類型化的另一缺點，在於無法照顧到不同戲劇條件、不同戲劇情境的不同人物，一旦劇作家將人物性格的基調設定，此人物在整部劇中就得「從一而終」，缺乏變化。但誠如本節開端所言，如果我們對古典戲曲的人物塑造方式加以細部分析，則可以得知其結果並不是如此單純。戲曲人物的塑造大致而言是區分成主要人物及次要人物不同層次來加以描繪，對於劇中主要人物，劇作家採用的是「典型化」的塑造方式，對每個主角賦予類型的基礎，再刻劃予不同的背景及處境，以此兩者融合而成。至於劇中次要人物或配角，劇作家才會單純使用「類型化」的處理方式，突出這些人物的主要性格，以期使觀者能一目了然，不致於和劇中主要人物相混淆。

三、關於人物描述的細節問題

戲曲動作的產生主體在於人物，而古典戲曲理論家最早對人物產生關注興趣者，明中期的王驥德即為其中之一。明中期的戲曲評點十分注意戲曲情節的發展過程，而帶動情節的要素即為人物。此外，戲曲既是一種代言體的表現方式而有別於小說，因此劇中人物實則是為劇作者所賴以發聲的媒介，但是相對的，劇作者亦須以自己的心去體會劇中人物所處所思，如此雙向思考，才能塑造出理想的劇中人物。例如王驥德就最早提出：

引子，須以自己之腎腸，代他人之口吻，蓋一人登場，必有幾句緊要說話，我設以身處其地，模寫其似，卻調停句法，點檢字面，使一折之事頭，先以數語該括盡之，勿晦勿泛，此是上諦。[13]

王驥德在此以「代言」為出發點，要求劇作者要以自己的心去體會劇中人物所處的環境，設身處地的考慮劇中人所應使用的語言模式。

以「代言」為基點，針對戲曲人物進行討論更為鮮明者為晚明的孟稱舜，他曾自作傳奇八種及雜劇六種，又編有《古今名劇合選》，此書收錄元明雜劇五十六種，分婉麗及豪放兩種不同風格將作品加以分類，並冠以〈柳枝集〉、〈酹江集〉加以評點。他曾經提出了一段非常著名的論述：

迨夫曲之為妙，極古今好丑、貴賤、離合、死生，因事以造形，隨物而賦象。時而莊言，時而諧謔，狐末靚狚，合傀儡於一場，而徵事類於千載。笑則有聲，啼則有淚，喜則有神，嘆則有氣。非作者身處於百物云為之際，而心通乎七情生動之竅，曲則惡能工哉。吾嘗為詩與詞矣，率吾意之所到而言之，言之盡吾意而止矣。至於曲，則忽為之男女焉，忽為之苦樂焉，忽為之君主、僕妾、僉夫，端士焉。其說如畫者之畫馬也，當其畫馬也，所見無非馬者，人視其學為馬之狀，筋骸骨節，宛然馬也，而後所畫為馬者，乃真馬也。學戲者不置身於場上，則不能為戲，而撰曲者不

---

13 王驥德《曲律》〈論引子第三十一〉《中國古典戲曲論著集成》冊四，頁 138。北京：中國戲劇出版社，1959。

> 化其身為曲中之人，則不能為曲，此曲之所以難於詩
> 與辭也。[14]

　　孟氏除了繼承王驥德的「代言」觀點之外，他也由詩詞
曲在創作上的不同來加以說明戲曲的特點乃在於劇作家是經
由人物來代自己表達心中之「意」[15]，然而，劇作家在創造
這個發聲的人物時，也必須考慮如何描摹這個人物的鮮活形
象，因而如不化身爲劇中人，就無法貼合人物的戲劇情境，也
就無法塑造出能感動觀眾的戲劇人物。王季烈就曾明白指出：

> 至傳奇，則全是代人立言，忠奸異其口吻，生旦殊其
> 吐屬，總須設身處地，而後可以下筆。[16]

　　此外，李漁上承王驥德、孟稱舜的「代言」基點，進一
步提出除了化身劇中人之外，並應替劇中人物「立心」的觀
點，他說：

> 言者，心之聲也。欲代此一人立言，先宜代此一人立
> 心。若非夢往神遊，何謂設身處地。無論立心端正者，
> 我當設身處地代生端正之想。即遇立心邪辟者，我亦

14　孟稱舜〈古今名劇合選序〉，收錄於《中國古典戲曲序跋彙編》冊一，
　　頁 444。山東：齊魯書社，1989。
15　譚帆曾針對這點做出明白的說明：「孟稱舜的這個觀點發展了王驥德
　　的學說，他從中國古代詩、詞、曲的流變中來辨析「曲」的特徵。在
　　他看來，詩與詞的創作過程是同一的，都是由「意」到「言」的過程，
　　所謂『率吾意之所到而言之，言之盡吾意而止矣。』而「曲」則不然，
　　在「意」和「言」之間，它有一個重要的「中介」：戲劇人物，而這
　　「中介」又是各色人等、林林總總，由此他引出結論：『撰曲者不化
　　其身爲曲中之人人則不能爲曲』…在戲劇人物理論的發展中，其重要
　　性乃是揭示了塑造戲劇人物是戲劇創作有別於詩詞創作的一個根本
　　特徵。」《中國古典戲劇理論史》，頁 200。自貢：中國社會科學出版
　　社，1993。
16　《螾廬曲談》卷二〈論作曲〉第一章，頁 1。台灣：商務印書館，1971。

當舍經從權暫為邪辟之思。務使心曲隱微，隨口唾
出，說一人肖一人，勿使雷同，弗使浮泛，若《水滸
傳》之敘事，吳道子之寫生，斯稱此道中之絕技。[17]

李氏提出「立心」主張，在於劇作家要設身處地替劇中
人物體會到至深極微的心理變化，不論劇中人物是正是邪都
能貼合戲劇情境，務使人物的描摹達到淋漓盡致，而其中最重
要的關鍵，即在於劇作家要以「真心」去體悟。袁于令曾言：

倘演者不真，則觀者之精神不動。然作者不真，則演
者之精神不靈。茲傳之總評，惟一真字。[18]

因此要塑造一個感人至深的戲劇人物，劇作家除了用「真
心」去揣摹外，別無他法。

金聖嘆在評點《西廂記》之時，曾提出一項描述戲曲人
物十分重要的方法：

事固一事也，情固一情也，理固一理也，而無奈發言
之人其心則各不同也，其體則各不同也，其地則各不
同也。彼夫人之心與張生之心不同，夫是故有言之而
正，有言之而反也。乃張生之體與鶯鶯之體又不同，
夫是故有言之而婉，有言之而激也。至於紅娘之地與
鶯鶯之地又不同，夫是故有言之而盡有言之而半也。[19]

戲曲人物儘管在塑造上有著類型化的傾向，但是不同的

17　《閒情偶寄》〈賓白第四・語求肖似〉，頁 50。台北：長安出版社，
　　1990。
18　袁于令〈玉茗堂批評焚香記・序〉，收入《中國古典編劇理論資料彙
　　輯》，頁 183。北京：中國戲劇出版社，1984。
19　《金聖嘆批本西廂記》，二之三〈賴婚〉，頁 120。上海：古籍出版社，
　　1986。

故事情節其間所處的戲劇情境亦不同，因而人物被設定的背景性格也應該有所區別。因此，劇作家在描述及塑造戲曲人物之時，就必須考慮到依附於每個不同角色身上的不同屬性。在金聖嘆而言可以分為三個不同的角度，亦即「心、體、地」。

金聖嘆提出人物「心、體、地」其中所代表的實質內涵為何？約略而言，「心」所代表的是戲曲人物的內心思想意志或情感走向。在〈賴婚〉一折中，張生心裡所想的與老夫人心中所想的可以說完全不同，張生一心只想與鶯鶯結合，而老夫人卻因為考慮到門第等等條件，因而不願將鶯鶯嫁與張生，因此在這兩人內心活動的差異下，產生了賴婚這一個事件。

「體」所代表的應為戲曲人物間彼此所形成的關連性，正因為張生與鶯鶯兩人和老夫人的關係上的不同，因而在面對賴婚這一個事件上，兩人有著迥然不同的反應。

至於「地」所代表的則為戲曲人物的身份位置，這包含了社會地位及在劇中所處的環境。因此紅娘在《西廂記》中的地位與鶯鶯在《西廂記》中所被設定的身份及處境均有很大的差別，而當她們面對老夫人賴婚的這個事實時，亦有完全不同對應方式。

整體而言，金聖嘆以「心、體、地」來做為戲曲人物性格描述的原則，可以說是十分的全面。唯有在這三原則都經過悉心思考過後而塑造的人物，其性格及動作的合理性始能得以完足。

著眼於人物「心、體、地」三項描述原則的劇論家較多

集中於清代，除了金聖嘆明白揭櫫此三項要素之外，也有許多劇論家雖未十分言明，但卻於劇論或劇評中實際著眼於此，並以之為評論的標的。例如李漁評論《琵琶記》時，曾指出：

> 如中秋賞月一折，同一月也，出於牛氏之口者，言言歡悅，出於伯喈之口者，字字淒涼，一座兩情，兩情一事，此其針線之最密者。[20]

> 善詠物者，妙在即景生情，如前所云《琵琶》賞月四曲，同一月也，牛氏有牛氏之月，伯喈有伯喈之月，所言者月，所寓者心。牛氏所說之月，可移一句於伯喈，伯喈所說之月可挪一字於牛氏乎？夫妻二人之語，猶不可挪移混用，況他人乎？[21]

李氏在此很明確的點出牛氏與蔡伯喈雖同在賞月，但因他們二人所處的戲劇情境不同，在戲劇中的位置不同，因而他們由心中所觸發對於月的感受就絕不會相同，由此也得以引出即使劇中人物正處於同一戲劇動作當中，但卻因為「心、體、地」間的差異，而生發出不同的人物特性與形象。此外，即使是同一戲曲人物，但因為所處的情境及位置改變了，那麼也可能會產生不同的變易，吳儀一在評點《長生殿》一劇時，對於楊貴妃曾有以下評語：

> 楊未承寵，亦別院人也，得意時更不管失意之苦，負恃爭憐，於此可見。[22]

20　《閒情偶寄》，〈密針線〉頁 12。台北：長安出版社，1990。
21　《閒情偶寄》，〈密針線〉頁 22。台北：長安出版社，1990。
22　《長生殿》，吳舒鳧評本，頁 4。台北：文光圖書有限公司，1969。

> 楊妃凡三變：馬嵬以前，人也；冥追以後，鬼也；尸
> 解以後，仙也。而神仙人鬼之中以刻像雜之，又作一
> 變，假假真真，使觀者神迷色亂。[23]

　　在楊玉環尚未得寵之前與得寵之後，雖同為玉環，但所
處的環境與地位已經轉變，因此人物的形象與舉止自然也要
跟著改變。而至於楊妃在馬嵬事件之前為一凡人，死後為鬼，
尸解後為仙，更是因為劇中人物根本的形體已經大變，因此
在刻劃及描述上自是不能等一視之了。

　　由此可知，劇作家在描摹戲曲人物時，必須先以自身的
真心來化身曲中人，並進而能根據不同的戲劇情境，以人物
之「心、體、地」三項原則為標準，加以細心揣摹，如此方
能塑造出面貌各異且能使觀眾感動並進而貼近認同的鮮活人
物形象。

　　明清的劇論家很早就已經注意到關於人物形象的塑造原
則，如王驥德《曲律》批評《浣紗記》中范蠡與越夫人的口
吻設定，就與二人的實際地位不相符：

> 如范蠡而曰『尊王定霸，不在桓文之下』，施之越王
> 則可；越夫人而曰『金井轆轤鳴，上苑笙歌度，帘外
> 忽聞宣召聲，忙蹙金蓮步』，是一宮人語耳！[24]

批評《琵琶記》：

> 又蔡別後，趙氏寂寥可想矣，而曰『翠減祥鸞羅幌，
> 香消寶鴨金爐，楚館雲閒，秦樓月冷』，後又曰『寶

23　《長生殿》，吳舒鳧評本，頁 83。台北：文光圖書有限公司，1969。
24　王驥德《曲律》，《中國古典戲曲論著集成》冊四，頁 138。北京：中
　　國戲劇出版社，1959。

瑟塵埋，錦被羞鋪，寂寞瓊窗，蕭條朱戶』等語，皆
過富貴，非趙所宜。[25]

　　這兩段批評以《浣紗記》之越夫人而言是貴婦人說宮女
語言，而范蠡則是臣子說君王的語言；以《琵琶記》趙五娘
而言，是貧窮婦人說出富貴仕女的語言，都是劇作家沒有考
慮到劇中人物身份地位而安排了不相襯的唱詞之故。

　　大體上，明代劇評家在論述戲曲人物時，較多如王驥德
一般將筆力集中於語言與人物身份相襯與否或與人物性格有
無相配的語言層面上加以著墨。如祁彪佳在評論《八仙慶壽》
一劇時說：

境界是逐節敷衍而成，但仙人各自有口角，從口角中各
自現神情，以此見詞氣之融透，字字發光明藏矣。[26]

又評《豫讓吞炭》劇時說：

忠臣、義士之曲，不難於激烈，難於婉轉，蓋有心人
決不作鹵莽語。此劇極肖口吻，遂使神情逼現。[27]

　　祁氏將此二劇均置於《劇品》中「雅品」一類內，僅次
於「妙品」類，可以看出他讚賞二劇的角度即在於人物語言
與性格間的搭配得宜。

　　此外，王世貞評《琵琶記》劇時曾言：

《琵琶記》四十二齣，各色的人各色的話頭，拳腳眉

25　王驥德《曲律》，《中國古典戲曲論著集成》冊四，頁 150。北京：中
　　國戲劇出版社，1959。
26　祁彪佳《遠山堂劇品》，《中國古典戲曲論著集成》冊六頁 146。北京：
　　中國戲劇出版社，1959。
27　祁彪佳《遠山堂劇品》，《中國古典戲曲論著集成》冊六，頁 152。北
　　京：中國戲劇出版社，1959。

　　眼，各肖其人，好醜濃淡，毫不出入。[28]

　　也是著眼於人物語言及個性的肖似。

　　而孟稱舜也十分在意劇作家如何安排人物語言的問題。
他於《燕青搏魚》眉批中云：

　　　文章之妙，在因物賦形，矧詞曲尤為其人寫照者，男
　　　語似女是雌樣，女語似男為雄聲，他如此類，不可悉
　　　數。[29]

　　他並認同燕青在劇中的語言聲口：「又粗莽又精細，似蓼
兒洼上人口氣。」在評《李逵負荊》劇時，孟氏十分稱讚李
逵的語言：

　　　語語句句當行手筆，絕高絕老，至其摹像李三兒半粗
　　　半細，似呆似慧，行景如見，世無此巧丹青也。[30]

　　評《紅線女》時：

　　　二三折俱善形容，無酸霧氣，亦無鹵莽氣，極似俠女
　　　聲口。[31]

　　孟氏在評劇時類此之論甚多，他認為戲曲人物的語言最
大功用在於塑造人物的個性，表現人物間不同的特色，由此
可以見出孟氏對人物語言描述上的重視。

28　《琵琶記》，頁 22。台北：文光圖書有限公司，1978。

29　孟稱舜《古今名劇合選》冊十五，頁 1。此套書收入《古本戲曲叢刊》
　　四集，上海：商務印書館，1958。

30　孟稱舜《古今名劇合選》冊十二，頁 1。此套書收入《古本戲曲叢刊》
　　四集，上海：商務印書館，1958。

31　孟稱舜《古今名劇合選》冊十九，頁 6。此套書收入《古本戲曲叢刊》
　　四集，上海：商務印書館，1958。

四、一個獨特的觀點 —— 金聖嘆人物中心論

　　明代中晚期雖對戲曲人物在戲曲文學中的重要性已經加以注意，但細究所論，仍如片玉散金，戲曲敘事人物論要至金聖嘆批本《西廂記》出現，才算粗足規模，有了進一步的發展。

　　金聖嘆為清代最傑出的文學批評者之一，其一生評點古籍甚多，但尤以《水滸傳》及《西廂記》的評點影響最大。金聖嘆所評《西廂記》，乍看之下並不與其他評點者有很大不同，看似隨興批閱，率性評點，但若仔細歸納，卻會發覺金氏之評本，自有其一套獨特的觀點與邏輯，與前此之戲曲評論作品大異其趣。在正文之前，他特意寫下序文及讀法來說明自己的批評理念，我們參合八十一條讀法及各章節前的總評、夾批，可以得知金氏對於戲曲作品的敘事結構十分重視，而最特殊的一點是他認為結構的組成應以「人物」為中心，戲劇情節其實是人物性格發展的記錄。

　　以金氏的批點而言，所有戲曲的敘事結構均是為了展現人物不論內在性格或外在行為的完足性而設。如以人物為結構中心這個觀念來看，金聖嘆尚有其對此中心點的特別要求，因為一部戲曲人物可多可少，劇作者畢竟無法將一部大戲的每個人物都描寫得酣暢淋漓。有鑑於此，金氏在對戲曲人物的重點揀選上，是採取「主角一人制」的觀念，亦即要求劇作家對於描寫對象必須採「單點透視」的方式，並且必須具有高度的集中性。除此之外，在主要描寫對象身邊的其

他角色，則要區別主從遠近的關係，因此在描寫對象間的相互關連性上，金氏也十分著力闡發。

（一）描寫對象的集中性

「人物」既是戲曲敘事的主要動作者，那麼當劇作家在安排人物及其戲曲動作時就不可能漫無邊際。對於戲曲人物應如何安排設置的問題，戲曲理論家曾有多種不同的看法，不過以古典戲曲的作品來看，對於人物的安排設置大多是顯得粗糙而又有固定模式可循。在眾多評論者當中，金聖嘆與李漁二者則極力主張一部戲曲其主角應只有一人，劇作者不論選擇多複雜的故事或多龐大的角色群來做為演述的對象，其中最重要的筆力所在一定要集中於單一對象之上。李漁所主張的「一人一事」為其敘事結構觀念的一大特色，而此點與金聖嘆對戲曲在描寫對象上應集中筆墨致力於唯一對象的觀念是完全一致的。

實際上金氏在評點《西廂記》時，是將腦中的理想才子佳人觀完全移植至張生與鶯鶯身上，而在這二者間，又以鶯鶯為其心目中最完美的典範：

> 夫天下後世之讀我書者，彼則深悟：君瑞非他，君瑞殆則著書之人焉是也。鶯鶯非他，鶯鶯殆即著書之人之心頭之人焉是也。[32]

因此他竭力言明《西廂記》的描寫對象實際上應只集中於一個人，而此一人即為鶯鶯。鶯鶯是《西廂記》中的一個

32　《金聖嘆批本西廂記》，頁 34。上海：古籍出版社，1986。

典型形象，她是全劇的中心人物，也是全劇所有的動作目的
及因緣升沉的結穴所在。因此金氏在其〈讀法〉中，由第四
十七條至第五十六條均在反覆說明作者集中描寫鶯鶯的各種
原因。而其中尤以第五十、五十一、五十二條的陳述最為明晰：

> 若更仔細算時，《西廂記》亦止寫得一個人。一個人
> 者，雙文是也。若使心頭無有雙文，為何筆下卻有《西
> 廂記》？不止為寫雙文，止為寫誰？然則《西廂記》
> 寫了雙文，還要寫誰？（〈讀法〉五十）
>
> 《西廂記》止為要寫此一個人，便不得不又寫一個
> 人。一個人者，紅娘是也。若使不寫紅娘，卻如何寫
> 雙文？然則《西廂·記》寫紅娘，當知正是出力寫雙文。
> （〈讀法〉五十一）
>
> 《西廂記》所以寫此一個人者，為有一個人，要寫此一
> 個人也。有一個人者，張生是也。若使張生不要寫雙文，
> 又何故寫雙文？然則《西廂記》又有時寫張生者，當知
> 正是寫其所以要寫雙文之故也。（〈讀法〉五十二）[33]

　　金氏認為《西廂記》的中心人物只有鶯鶯一人，而為了
展現鶯鶯的完足個性，所有敘事的線索都只為鋪排鶯鶯此一
完美典型而設置，而這個中心人物是用以構思全劇的基礎。
因此，高度的集中性，是金氏對戲曲人物描寫的一個主要原
則[34]。而我們以金氏對《西廂記》敘事對象的高度集中性這

33　以上三段均見《金聖嘆批本西廂記》，頁 19。上海：古籍出版社，1986。
34　王璦玲在《明清傳奇名作人物刻劃之藝術性》一書中對此曾言及：「在
　　中國文學人物塑造理論的發展過程中，金聖嘆將焦點集中於個人化人
　　物之體現，使「性格」成為此後評論小說、戲曲必不可少的基本概念。
　　如果說金批《水滸》係於揭示人物性格的特殊性、豐富性上著力，那

一觀點來檢視其批點的另一巨著《水滸傳》時，卻得到不同的視角，他曾於《水滸傳》批點中指出：

> 別一部書，看過一遍即休，獨有《水滸傳》，只是看不厭，無非為他把一百八個人性格都寫出來。
>
> 《水滸傳》寫一百八個人性格，真是一百八樣。若別一部書，任他寫一千個人，也只是一樣；便只寫得兩個人，也只是一樣。
>
> 《水滸》所敘，敘一百八人，人有其性情，人有其氣質，人有其形狀，人有其聲口。[35]

在此，金氏卻是採取散點式人物描寫觀念[36]，認為《水滸傳》之好，在於能把其中一百零八人都能淋漓盡致的表現出來。如以單點式人物描寫來看[37]，《水滸傳》的描寫重點，或許應只著墨於宋江一人，因此這與《西廂記》中只把焦點集中於鶯鶯的觀念大異其趣。然而，這也正是戲曲與小說在敘事方式上有極大差異分野的所在。

麼金批《西廂》則側重在作品中個別人物與整部戲劇間之關係。此項差異顯示在以少數主要角色為核心的作品中，藝術呈現之要求更有一層結構上的考慮，所謂角色性格的表現必須有全劇集中之單一焦點，幫襯人物的使命必須在完成全劇的整體性上界定。若說《水滸》的寫法是一種散點透視型的，則《西廂》一變而為集中於「此一個人」的敘寫，便應是單一焦點型的表現。金氏認為《西廂》人物塑造的特點，就是將舞台藝術呈現所凝聚的焦點始終集中於鶯鶯一個人，張生、紅娘之為主要映襯，老夫人、法聰等之為輔助，皆是圍繞於此一中心而建立其在劇中的地位。」頁 128-129。中山學術文化基金會，1998。

35　金聖嘆《第五才子書水滸傳》，頁 18。光明日報出版社，1997。

36　也就是對於 108 好漢，每人都加以著墨，每一人都細細描繪，因此每一個人物都構成一個完整形象的「點」。

37　亦即全書只為寫「一人一事」而用盡全力，至於其他人物，則都是為了點染此一人而設。

　　戲曲必須表演，而表演這項活動必須在舞台上進行。舞台的空間是有限的，表演的時間是有限的，演員的數量是有限的，在時空及客觀環境都有很大限制的原則下，戲曲無法選擇與小說同樣的散點敘事方法。因而以有限的時間與空間之中要完整敘述一個故事（這點與西方戲劇的敘事觀念不盡相同），在人物及事件的揀選上就必須有一套取捨的標準。小說的讀者，可以不受時間的限制，自由選取適合的閱讀時間，但戲劇觀眾卻無法不拘時地的欣賞戲劇。戲劇表演必須在固定的時間限制內完成表演的動作，以觀眾的角度而言，它的表現必須明確且具高度集中性。以此觀之，李漁及金聖嘆在對戲曲描寫對象應集中於一個焦點上的要求，從戲曲表演的主客觀條件而言，都是十分合理的。

　　一般論者在談及金聖嘆批點《西廂記》時，用的是與其讀《莊子》、《史記》同一副批書手眼，而對其忽視劇本文學應考慮舞台上的搬演性加以責難，其中尤以李漁所言：

> 聖嘆所評，乃文人把玩之《西廂》，非優人搬弄之《西廂》也。文字之三昧，聖嘆已得之；優人搬弄之三昧，聖嘆猶有待焉。[38]

　　最為人所熟知。然以今日的戲劇觀念來看，劇本文學本就有其獨立存在的價值，對劇本文學的獨立研究亦然。如以金氏批點《西廂記》及《水滸傳》的人物觀點差異而言，聖嘆也未必完全不了解戲曲必須依賴搬演才能得以呈現的重要性。

38　李漁《閒情偶寄》，頁 65。台北：長安出版社，1990。

（二）描寫對象間的關係結構

　　金氏雖以單點透視的觀點而主張戲曲人物描寫應以一人為主要中心，但細究其〈讀法〉及批點則可發現，此「一人」也並非孤立的被塑造出來，反而是由這「一人」所相關連的其他關係人上營造而生。因此，由鶯鶯這個中心人物所輻射出來的人物結構網，也正是推動劇本中各項事件及動作發生的動力，藉由人物與人物之間的糾葛及關連所造成的互動而產生一連串的情節動作或衝突，並經過這些動作及衝突來達成敘事及人物性格塑造的目的。

　　事實上，古典戲曲批評在金聖嘆以前，並無人曾涉足戲曲人物及人物之間關連結構的這個問題，因此金聖嘆此論可謂慧眼獨具。一部戲的創作，由最初人物容量的涵蓋，到主要人物的設定，次要人物的安排，以及人物與人物間存在何種關係，這些都是構成戲曲人物結構的基本要素。金聖嘆由「鶯鶯」這個人物出發，對《西廂記》人物間的關係在〈讀法〉中做了說明：

　　　　《西廂記》止寫得三個人：一個是雙文，一個是張生，
　　　　一個是紅娘。其余如夫人，如法本，如白馬將軍，如
　　　　歡郎，如法聰，如孫飛虎，如琴童，如店小二，他俱
　　　　不曾著一筆半筆寫。俱是寫三個人時所忽然應用之家
　　　　伙耳。（四十七）

　　　　譬如文字，則雙文是題目，張生是文字，紅娘是文字
　　　　之起承轉合。有此許多起承轉合，便令題目透出文
　　　　字，文字透入題目也。其餘如夫人等，算只是文字中

間所用之乎者也等字。（四十八）

譬如藥，則張生是病，雙文是藥，紅娘是藥之炮製。
有此許多炮製，便令藥往就病，病來就藥也。其餘如
夫人等，算只是炮製時所用之薑、醋、酒、蜜等物。
（四十九）[39]

　　由上可知，金氏對於《西廂記》中人物的距離遠近是十
分清楚的。

　　而更值得注意的是除了鶯鶯外，張生與紅娘在此中心人
物之間所具有的功能，金氏釐定的十分明瞭。紅娘是依附於
鶯鶯與張生間的角色，但若無此次要人物，對於事件與事件
間的推衍將必大受影響，因此紅娘雖為鶯鶯婢女，卻具有舉
足輕重的地位。而張生是與鶯鶯相配的才子，以一般戲曲人
物配置的結構而言，他應是與鶯鶯齊頭並立的主要人物，如
果換個角度來看，其在事件中的重要性更可以凌駕於鶯鶯之
上。但我們以金氏的論述觀察，他卻是與紅娘的位置相仿，
是為了渲染中心人物所必須的媒介。由此我們可做出一個人
物結構圖來：

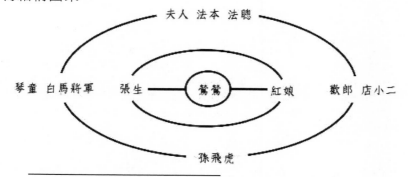

夫人　法本　法聰

琴童　白馬將軍　張生——鶯鶯——紅娘　歡郎　店小二

孫飛虎

39　《金聖嘆批本西廂記》，頁 18-19。上海：古籍出版社，1986。

　　由於處於不同的層次，因此人物間的功能也各不相同，金氏認爲，鶯鶯與張生、紅娘實則可以算是構成此劇的一個中心結構，而戲劇的情節是由此中心結構來向外推展。但僅就此三人而言，也不是完全份量均等，而依次是鶯鶯→張生→紅娘，這點我們可由金氏在批點中對於人物內心的衝突、矛盾分析的多寡加以判別。

　　鶯鶯與張生間的衝突（由社會地位的不平等而產生對立）是推動事件發展的主要作用力，金氏在對此二者內在性格與外在動作的剖析最爲詳盡。而紅娘是介於此二者間的輸送帶，她也有一定的內心變化及外在形象，但金氏較多著墨於她的外在行動，對於內心活動的分析就較爲淡化。因此金氏對於《西廂記》描寫對象的輕重詳略把握得十分精準。他甚而舉了一個佛殿壁畫中人物分布位置的生動例子來比喻《西廂記》中人物所居的地位，將他們分爲「最前人物」、「中間人物」、「近身人物」、「陪輦人物」及「天尊人物」五種不同類型，以天尊人物爲中心將此「一路人物」依遠近不同而勾勒出一部《西廂記》的人物圖[40]。

40　《金聖嘆批本西廂記》卷一，一之二〈借廂〉第十節：
昔有二人於玄元皇帝殿中，賭畫東西兩壁，相戒互不許竊窺。至幾日，各畫最前幡幢畢，則易而一視之。又至幾日，又畫中間旌鉞畢，又易而一視之。又至幾日，又畫近身纓笏畢，又易而一視之。又至幾日，又畫陪輦諸天畢，又易而共視，西人忽向東壁哑然一笑，東人殊不計也。殆明并畫天尊已畢，又易而共視，而後西人投筆大哭，拜不敢起。蓋東壁所畫最前人物，便作西壁中間人物，中間人物，卻作近身人物，近身人物，竟作陪輦人物。西人計之：彼今不得不將天尊人物作陪輦人物矣，已後又將何等人物作天尊人物耶？謂其必至技窮，故不覺失笑，卻不謂東人胸中乃別自有其日角月表，龍章鳳姿，超於塵埃之外，煌煌然一天尊。於是便自後至前，一路人物，盡高一層。今被作《西

五、結　語

　　不過，即使金聖嘆對於《西廂記》的人物結構剖析詳盡，但其中並不是沒有破綻的，誠如譚帆在《金聖嘆與中國戲曲批評》一書中所言，金聖嘆忽略了推動《西廂記》敘事結構中的一個關鍵人物──老夫人。因為老夫人乃是在崔張婚姻事件中的破壞者，如果缺少她的倒起波瀾，此劇就無存在的價值，而所有的衝突事件就無法產生，因此這樣的一個"衝突點"在戲中應是最重要的。

　　金氏一味專對於才子佳人的形象塑造而忽視了老夫人在劇中的關鍵地位，不可不說是一個疏漏點，而這也是金氏對此劇思想層面的一個盲點所在。譚帆就曾指出：

> 實際上，從《西廂記》到《牡丹亭》，在愛情內涵上都體現了一種「情」對「理」的衝擊，它們都有著反對封建禮教壓抑正常人性的思想意義。金聖嘆在倫理思想上沒有達到湯顯祖所具有思想高度，因而他未把老夫人看成《西廂記》中的重要人物，而僅僅是一個推動情節發展的穿插性人物。[41]

　　金聖嘆未能由思想層面來考量《西廂記》可說是其評點的一個重要疏失，因而如果只執著於人物內在及外在的闡

廂記》人偷得此法，亦將他人欲寫雙文之筆先寫卻阿紅，後來雙文自不愁不出異樣筆墨，別成妙麗。頁 53-54。上海：古籍出版社，1986。
41　見《金聖嘆與中國戲曲批評》，頁 87。上海：華東師範大學出版社，1992。

發，甚或是汲汲於技術層面，亦即種種敘事法則的剖析（例如在人物關係描寫方面，金氏便曾發明像「獅子搏象法」、「移堂就樹法」、「投鼠者忌器」等描寫筆法），難免會陷入見樹不見林的困境當中。

參、二元共構在敘事曲論中的展現

一、前　言

　　二元論（binary oppositions）是西方結構主義一項重要的假設及分析方法,「結構主義分析中最重要的關係又極其簡單:二項對立。語言學的模式也許還有其他的作用,然而有一點卻是確鑿無疑的,那就是古力結構主義者採取二項式的思維,在所研究的各種素材中尋求功能性的對立形式。」[1]就結構主義學者而言,這種二元對分法,不僅僅存在於語言符號的系統規律中,這個現象也普遍浸潤在各個文化層面,乃至於各種符號系統中。例如:左／右;生／死;男／女;晝／夜;黑／白;陰／陽;直／曲;高／低;剛／柔等等。因此二元對立,其實很大部份存在於普世的文化層面當中,當然也包括哲學或是宗教的範疇。一般而言,結構主義的學者認為「這種無處不在的二元對立,是人類認識、交流的基礎,也是語言的基礎,所以在處理文化現象時,重要的是從多元關係中找出基本的二元對立,做為文化價值的架構或意義的

1　喬納森・卡勒著,盛寧譯《結構主義詩學》,頁 37。北京:中國社會科學出版社,1991。

來源。」[2]

　　以結構主義研究方法來看中國傳統文化中的二元現象，其實更能得出一些有趣的驗證。早自《易經》或是《老子》中的哲學思維，我們不難發現其中充滿著二元論述，《易經》中之「一陰一陽之謂道」；《老子》的相反相成、物極必反、「福兮禍之所伏、禍兮福之所倚」之理，始終滲透在整個中國文化的各種思維邏輯當中。楊義在其所著之《中國敘事學》中提到：「中國傳統文化從不孤立地觀察和思考宇宙人間的基本問題，總是以各種方式貫通宇宙和人間，對之進行整體性的把握。通行的思維方式不是單相的，而是雙構的。講空間，「東西」雙構，「上下」並稱；講時間，「今昔」連用，「早晚」成詞；至於講人事狀態，則「吉凶」、「禍福」、「盛衰」、「興亡」這類兩極共構的詞語俯拾皆是。」[3]楊義認為這樣的雙構性思維方式，也深刻影響到中國的敘事作品。

　　事實上，我們可將這種二元式的雙構性推展到整個中國文學當中，如果深刻思考中國傳統的韻文學（包括詩、詞、曲等）乃至於散文、敘事文（包括小說、戲曲等），這種二元式的思考或創作模式，也幾乎與整個中國古典文學的發展相終始。關於這種獨特的現象，西洋漢學家浦安迪（Andrew H.Plaks）曾經對於中國文學中的敘事理論加以研究，他指出中國文學中存在著一種「對偶美學」，而這種「對偶美學」的根源應該在古老的易理當中去追溯其原型，「中國傳統陰陽互補的「二元」思維方式的原型，滲透到文學創作的原理中，

2　引自羅鋼《敘事學導論》，頁 8。雲南：人民出版社，1995。
3　見《中國敘事學》，頁 46。北京：人民出版社，1997。

很早就形成了源遠流長的「對偶美學」。中國文學最明顯的特色之一，是遲早總不免表現出對偶結構的趨勢；它不僅是閱讀和詮釋古典詩文的關鍵，更是作者架構作品的中心原則。對偶美學雖然以「詩」為中心，但在結構比較鬆散的小說和戲曲裡，也有某種對偶的傾向。」[4]在此，古典戲曲結構會被認為較為「鬆散」並非全為事實，而是中國古典戲曲自有其與西方不同的組成方式，重點在於浦氏所指出的「對偶結構」，其實就是一種二元式的創作方法與思考邏輯。

　　如果我們回到結構主義學者的論述中來看，二元符號所呈現的是一種對立關係（opposition），但反觀中國文化中的二元符號，卻是在表面上看似對立的質素間，實際上所產生的一種平衡式的共構關係，而並非是對立關係。因此單一的符號存在其實不具意義，一定要是二元相互呈現，其於語句或是思考邏輯中，意義才會完足。

　　我們用上述的理論基底來看中國古典戲曲的敘事評論，亦即各項曲論、曲話與評點中有關於敘事條件的作品，可以發現，其中充斥著二元共構的批評論述，藉以來衡量、品評甚至重構戲曲作品：

> 中國傳統曲論家就經常用典型的對稱觀念，來討論戲
> 曲創作的優劣得失。最常用來描述傳統戲曲結構的，
> 是「離合悲歡」一類詞彙，或其他相當的公式。[5]

　　浦氏會在眾多中國古典文學評論中，注意到曲論裡所呈現的二元共構特點，不是沒有原因的，因為在古典戲曲評論

4　浦安迪《中國敘事學》，頁 48。北京：北京大學出版社，1996。
5　浦安迪《中國敘事學》，頁 51。北京：北京大學出版社，1996。

作品中，這種二元共構的論述及思維，幾乎在涉及「敘事」這一課題範疇中，貫串了整個評論方法系統當中。以下將區分為「審美形態」、「情境的營造」及「情節操作的技術性」三個層面，來全面呈現古典戲曲敘事理論中所存在的「二元共構」觀。

二、審美形態

在中國古典戲曲的審美觀念中，十分講求鋪排故事的曲折化，不曲折則不能引人入勝，也就無法造成觀眾的好奇心理，想要對故事一探究竟。如何將檢選的故事加以曲折化？劇論家所提供的方法即為「悲、歡、離、合」這種敘事的模式，而悲歡離合事實上只是「歡合」與「悲離」兩種審美質素的並列共構。在中國古典戲曲的敘事模式中，很少有如西方區分悲劇及喜劇那樣純粹的戲劇質性，悲與喜的情緒，在古典劇作中往往是悲喜迭見、苦樂相錯，二者共存於一劇之中的。這種揉悲於喜、合樂於苦的敘事模式，構成古典劇作的一大特色。

若要推究何以悲喜互見是構成戲曲審美基礎的不二法門，大部份的戲曲研究學者都指向於戲曲原本所形成的初始淵源，鄭傳寅即曾明白指出：

> 我國戲曲從孕育期起就是將悲與喜兩種成分揉合在同一節目之內的。譬如漢代百戲節目《東海黃公》…這齣人虎相搏的角觝戲表現了痛苦與恐懼，但滑稽調笑的逗樂是其主導成份。又如唐代歌舞戲節目《踏謠

娘》…這齣喜劇色彩很濃的歌舞戲又有令人泣下的悲
訴場面。這種亦悲亦喜、悲喜混雜的傳統一直被戲曲
創作繼承下來。[6]

　　鄭氏以漢百戲之《東海黃公》及唐戲弄中的《踏謠娘》
為例，說明戲曲在初始形成時也就是採用了悲喜雜揉的審美
形態，而這種寓悲於喜的傳統，便為後來的戲曲形式所接續。
也因此，中國戲曲作品很難去區分出純粹的悲劇和喜劇，因
為它在最初形成的道路上，就與西方的悲、喜劇概念有所不
同。而這種悲喜共構的審美形態，實際上與普遍中國百姓的
性格精神或多或少存在著關連性，王國維在論述悲劇的美學
價值時曾表示：

　　吾國人之精神，世間的也，樂天的也。故代表其精神
　　之戲曲小說，無往而不著此樂天之色彩，始於悲者終
　　於歡，始於離者終於合，始於困者終於亨，非是而欲
　　饜閱者之心難矣。[7]

　　戲曲之不同於文學，在於它必須演之氍毹，為廣大民眾
提供教化或娛樂的功能，並且能被民眾所樂於接受，其存在
意義始能完足。因此，王國維認為中國人的精神既是世間及
樂天的，那麼戲曲乃反映人生之作，這樣的民族特性也必存
在於其中。

　　東方人向來較喜歡以輕鬆及達觀的心來看待人生，對於
生活即使面臨苦難多舛，也能於苦中作樂，甚或自我解嘲，

6　《中國戲曲文化概論》，頁 172。湖北：武漢大學出版社，1993。
7　王國維〈紅樓夢評論〉，此文收錄於《晚清文學叢鈔》之《小說戲曲
　　研究卷》，頁 112。台北：新文豐出版公司，1989。

而這樣的人生態度，應是植基於民族的文化當中。當文化模式對於人民的情感或心理有較大壓力之時，處在此文化之下的人們便傾向於由藝術當中去找尋抒發的窗口，而藝術此時也較傾向於提供人們發洩精神壓力的機會，古典戲曲正是植基於這種背景之下而產生的藝術形式。[8]

　　正因爲如此，中國戲曲與其他西方戲劇一樣涵泳著許多民間鮮活的精神底蘊，換言之，其審美訴求即更加傾向於世俗化。這樣的精神反映於戲曲敘事當中最爲明顯的現象，即是戲曲情節率皆遵循著悲歡離合的曲折模式加以敷衍，而故事的結尾總以大團圓做爲收場，即使主人公已承受了悲慘的命運，往往也會以補恨的方式使結局得以圓滿。

　　也正是因爲如此，戲曲的評論家們，往往以悲歡離合這樣二元共構的模式，來做爲品評一部戲曲最終所應具有的審美條件。例如邱濬於《五倫全備記》副末開場時明確指出，他的這齣戲中「亦有悲歡離合，始終開闔團圓。」[9]雖然邱氏此戲所得負面評價較多，但他卻明白揭示了古典戲曲在敘事模式上的鮮明特徵。

　　明代曲論及戲曲作家張鳳翼亦云：

　　　然悲歡離合，傳奇不可缺一。[10]

　　張氏此處是針對傳奇而言，但以此模式考諸雜劇及南戲

8　以上觀點參考傅謹《戲曲美學》第三章〈戲曲的審美品性〉。台北：文津出版社，1995。

9　邱濬《五倫全備記》第一齣〈副末開場〉〔西江月〕，收錄於《中國古典編劇理論資料匯輯》，頁28。北京：中國戲劇出版社，1984。

10　張鳳翼〈西廂記考序〉收於《中國古典戲曲序跋彙編》冊一，頁48，蔡毅編。山東：齊魯書社，1989。

亦無偏頗之虞。會產生這樣的敘事模式的原因很多，但其中最根本的即在於戲曲的敘事結構要求的是一個具備有「頭、身、尾」的完整故事，亦即故事的敘述方式通常由開頭至結尾，主線到底，鮮少例外。

　　古典戲曲的結構基本上以「折」或「齣」為組成單位，故事情節分布在每一個大小輕重不等的段落當中，連綴這些大小不同的場次並且原則上以事件發生的時間先後為排序法則，如此才算組合成完整統一的戲曲結構。但故事情節往往在情緒的渲染上呈現出悲歡交雜、苦樂相錯的特徵，在情節編排的手法上也顯示出離合相生、冷熱相劑的特色。正因為如此，戲曲故事在時間的容量上，往往如河流一般呈現順向而冗長的幅度，其目的即在展示主角完整的人生樣貌，而這種經由劇作家事先揀選的「人生」素材，往往充滿坎坷及逆境[11]。正因為如此，由主角的人生起始到遇經波折以致於問

11　柯慶明認為：「敘事文學的基本表現其內容結構「通常都是以一種主要人物所遭遇的『危機』為中心，而作品表現的注意完全集中在此一『危機』的產生、人物面對『危機』的反應、態度與抉擇，以及因此形成的彼此的矛盾與糾葛。經由這些糾葛如何導致『危機』的逐步發展，中國敘事文學的基本精神在藉由描寫苦難、表現苦難、超越苦難、征服苦難，進而「彰顯人類最終本具的自由精神之光輝。」《美學在台灣的發展》第三章〈由文學批評建構傳統中國美學〉，頁 249。嘉義：南華管理學院，1998。而這樣的說法實與清代李漁對於「事」在敘事文學中如何呈現若合符節。李漁在《閒情偶寄》論〈立主腦〉時指出：「一本戲中，有無數人名，究竟俱屬陪賓，原其初心，止為一人而設，即此一人之身，自始至終，離合悲歡，中具無限情由，無窮關目，究竟俱屬衍文，原其初心，又止為一事而設，此一人一事，即作傳奇之主腦也。」他認為一部《琵琶記》，最重要的事件即是「重婚牛府」，而《西廂記》中，最重要的關鍵情節在於「白馬解圍」，沒有這兩個情節，一切的衝突便不能成立，而所謂的「危機」也就無所謂有無得到緩解。李漁《閒情偶寄》，頁 10。台北：長安出版社，1990。

題的解決，戲曲觀眾都要求完全的呈現，也正因為人生的五味雜陳，因此戲曲的敘事模式會走上以「悲歡離合」錯綜交雜的模式來表現故事由頭至尾的樣貌，應該是有其必然性的，因為「人生如夢，惟悲歡離合，夢有凶吉爾。」[12]

　　不論中西戲劇，其所要表現的大都在於如何追尋人生的過程，西方戲劇善於描繪這個過程中各種饒富張力的戲劇衝突，但中國古典戲曲卻更在乎整個過程的闡發及涵蘊在這個過程中人物的解決之道[13]，但無論歷程的變化如何曲折，最終總以團圓式的完滿結局為最高原則。王季烈論《長生殿》時曾言：

> 其選擇宮調、分配角色、布置劇情、務使離合悲歡、錯縱參伍，搬演者無勞逸不均之慮，觀聽者覺層出不窮之妙。自來傳奇排場之勝，無過於此。[14]

　　明代曲論家祁彪佳就將此悲喜、離合二元共構的審美原則運用到品評戲曲作品之中，對於品評傳奇作品均常以「離合悲歡」來衡量作品情節調配的得失。如其於《想當然》一劇中就指出：「此於離合關目，亦未盡恰。」[15]；而在評《藍

12　沈際飛〈題邯鄲夢〉，收入《中國古典編劇理論資料匯輯》，頁 88。北京：中國戲劇出版社，1984。
13　正如同林清奇於〈中國戲曲與中國美學〉一文中所言：「中國戲曲的戲劇性，一般不存在於戲劇衝突之中，而存在於人物悲歡離合的命運中」重點在於人物面對各種命運時如何去解決及解決的過程與方法，而這種「命運」卻不一定要富有衝突性。此文收錄於《中華戲曲》第六輯，頁 210。太原：山西人民出版社，1988。
14　王季烈《螾廬曲談》卷二第四章〈論劇情與排場〉，頁 30。台灣：商務印書館，1971。
15　祁彪佳《遠山堂曲品》，頁 14。收錄於《歷代詩史長編二輯》第六冊，楊家駱主編，鼎文書局，1974。

橋》時認爲：「於離合悲歡，插科打諢外，一以綺麗見長。」
[16]；另外在《廣陵月》、《雙駕》、《粧樓》、《完福》等評論中，
都可以看到其以悲歡離合的敘事模式爲品評原則的思考痕跡。

　　就祁氏而言，一劇中必須具備悲歡離合等情節並加以穿
插妥貼，以期使劇情曲折多變，如此才是他所讚賞的劇作。
正因爲古典戲曲對敘事節奏的要求講究正反順逆的間錯並
置，因此一部劇作如果只一味追求悲劇情境的深化而忽略了
歡樂氣氛的點染，就不能稱爲佳作，反之亦然。

　　另如清代評點家毛聲山認爲：

　　　　敘事佳者，將敘其歡合，必先敘其悲離。不有別離之
　　　　苦，不見聚首之樂也。乃將敘其悲離，又必先敘其歡
　　　　合，不有敘首之樂，亦不見別離之苦也。[17]

　　在《琵琶記》中，蔡伯喈一家由原來的喜慶歡會漸次走
向悲傷離別，〈高堂稱慶〉的歡樂開場，卻孕育著悲離的可能
性：

　　　　即極歡極合之中，悲離之機已兆於此。[18]

　　毛氏認爲戲曲故事會呈現悲喜二元交錯的審美準則，在
於人世間有太多的不周全，而寫作劇本的作家們正是爲了要
彌補人世間的不平與不全，因此才在悲中寓樂，要使觀劇者

16　祁彪佳《遠山堂曲品》，頁 19。收錄於《歷代詩史長編二輯》第六冊，
　　楊家駱主編，鼎文書局，1974。
17　毛聲山《第七才子書琵琶記》第二齣〈高堂稱慶〉批語，頁 4。台北：
　　文光圖書有限公司，1978。
18　毛聲山《第七才子書琵琶記》第二齣〈高堂稱慶〉批語，頁 4。台北：
　　文光圖書有限公司，1978。

在劇本中找到一個情緒上支柱及平衡點[19]，因此，「求全」應是曲論家運用「悲歡離合」二元共構做為戲曲審美原則的終極指標，「求全」不代表遮蔽或掩蓋人間不完全的現實，反而是在悲離與歡合的兩極擺盪之間，取得一個平衡的中間點，而這個中間點是具有哲學層面上的審美意義的。[20]

三、情境的營造

　　情境乃是戲曲創作者透過情節的鋪陳、場景的調配及情緒的掌控，從總體呈現予觀眾內心的感受，這樣的感受是結合了敘事與抒情兩種創作手段的融合而投射給觀劇者。王國維曾言：

> 境非獨謂景物也，喜怒哀樂亦人心中之一境界，故能寫真景物真感情者，謂之有境界，否則謂之無境界。[21]

---

19 毛聲山在《第七才子書琵琶記》第四十二齣〈一門旌獎〉折前批中指出：「嗚呼！從來人事多乖，天心難測，團圓之中，每有缺陷，報反之理，常有差訛，自古及今大抵如斯矣。今人惟痛其不全，故極寫其全，惟恨其不平，故極寫其平。」頁147。台北：文光圖書有限公司，1978。

20 這種哲學層面的審美追求，在於求得「中和」的審美層次，也就是中國文化中無所不在的「中庸之道」，楊義就曾指出：「對立者可以共構，互殊者可以相通，那麼在此類對立相、或殊相的核心，必然存在某種互相維繫、互相融合的東西，或者換用一個外來語，存在著某種"張力場"。這就是中國所謂「致中和」的審美追求和哲學境界。內中和而外兩極，這是中國眾多敘事原則的深處的潛原則。無中和，兩極就會外露和崩裂：無兩極，中和就會凝固和沉落。中和與兩極，二者也是對立統一的，它以兩極對立為動力，以中和使審美動力學形成一個完整的境界。」楊義《中國敘事學》，頁21。人民出版社，1997。

21 王國維《人間詞話》，頁2。台灣：開明書店，1989。

　　王國維在此處指出，情境乃是人心中喜怒哀樂內在感受，但它必須經由某些手段，例如借景抒情、以事傳情來加以投射或感動。楊義也認爲存在於中國敘事文學中的二元共構性要素，其於情境上講究的是內在情調的反差，他認爲情調的反差所呈現的詞組包括剛柔、冷熱、起伏、張弛、正反、順逆這一類二元對立共構的詞語。[22]

　　如果我們以二元共構的觀念來檢視曲論中所涉及的情境論述，將可發現，上述楊氏所列舉出來的詞組變成了離合、炎冷、苦樂、愁歡、悲喜、繁華淒涼等。最早將情境概念使用於曲論上者爲湯顯祖，他曾於《紅梅記總評》中以「境界」來贊許《紅梅記》的佳處：

　　　　境界紆迴宛轉，絕處逢生，極盡劇場之變。大都曲中
　　　　光景，依稀《西廂》、《牡丹亭》之季孟間。[23]

　　但如果要把情境大量運用在評斷戲曲作品優劣的標準上，則當屬明代之呂天成及祁彪佳。

　　事實上，呂天成將「境」這個概念用於品劇標準中，其指涉是轉爲多元化的，我們可以從他的《曲品》中歸納出包括作品層次的高低、創作者的初始感知、戲劇所產生的情境都含括於內。他將「境」分爲「大小、雅俗、苦樂」等，並著力於苦境及佳境等二元共構的情境探求上。如其評《琵琶記》：

　　　　其詞之高絕處，在布景寫情，真有運斤成風之妙。串
　　　　插甚合局段，苦樂相錯，具見體裁，可師，可法，而

22　參見楊義《中國敘事學》，頁 71。北京：人民出版社，1997。
23　《湯顯祖全集》徐朔方箋校，頁 1656。北京：古籍出版社，1999。

　　不可及也。[24]

　　呂天成對於《琵琶記》一劇之讚譽，溢於言表，除了詞藻修飾的精妙外，戲曲情境的張弛運用亦見匠心，而最重要的是《琵琶記》在情節的安排上採用「苦樂相錯」二元共構的方式來達成敘事情境上的合諧，更是此記的一大特色。

　　古典戲曲對於敘事情境的調配，往往採用苦境與樂境二元對立的方式，以達到觀者在情緒上的平衡狀態，這種模式可以在《琵琶記》的敘事結構中找到完美的實踐。綜觀《琵琶記》全劇，作者巧妙的將京城與陳留、牛府與蔡家、蔡邕與五娘做出各種交叉對比，寫相府的豪華寫意與蔡家的饔飧不繼，寫京城的繁盛與農村的凋弊，寫蔡邕的意興風發與五娘的悲慘痛苦，哀與樂相互印照，使得苦境益發淒涼，樂境益發鮮明。而在觀者的情緒掌控上，亦使人不須悲則悲到底，因為各種歡樂場面的穿插而使人能在悲喜之間達到心境上的平衡及調合。這樣的對比結構技巧可說是結合了敘事內在情境及外在情節的最好範例。[25]

　　而另如祁彪佳則將「境」區分出「美惡、順逆、雅俗、深淺、濃淡、苦樂、離合」等二元詞組，例如他評《崔氏春秋補傳》云：

24　《中國古典戲曲論著集成》冊六，頁 224。北京：中國戲劇出版社，1959。

25　呂天成於其《曲品》中，曾多次以「境」做為其評劇標準，如《雙忠記》、《教子記》、《合衫記》、《明珠記》、《雙珠記》、《奪解記》、《金鎖記》、《高唐夢》、《五福》、《完福記》、《赤松》等等，但因其對於「境」之指涉多元，故在此選擇與情境相合者，其餘層面暫不予討論。

傳情者，須在想像之間，故別離之境，每多於合歡。[26]

評金懷玉之《完福》：

事出意創，於悲歡兩境，俱無入髓處。[27]

而評陳與郊《櫻桃夢》：

炎冷、合離，如浪翻波疊，不可摸捉，乃肖夢境，邯鄲之妙，亦正在此。[28]

在這裡，「悲歡、炎冷（冷熱）、合離」都做為祁氏論戲曲情境調配的重要準則。

即使呂天成和祁彪佳在對於「境」的內涵上有著多元化的用法，但對於其中「境」是一種戲曲情境的展現，而戲曲情境是經由劇作家設定的劇中人物、場景、情緒所共同營造出來投射給觀眾的綜合性情感，應是看法一致的。

時至清代，曲論家仍承繼明代對於戲曲情境的講求，而二元共構仍是曲論家在論述作品時常用的方法，甚至此時期所用的二元詞組也與明代曲論所呈現的大致相同。以吳儀一為例，其於評點《牡丹亭》時曾云：

「子規」句與〈歡撓〉折「一霎暮鐘敲破」皆樂境中最傷心。[29]

此外，在同齣戲中〈遇母〉一折，評道：「苦境從樂境中

---

26 《中國古典戲曲論著集成》冊六，頁 164。北京：中國戲劇出版社，1959。

27 《中國古典戲曲論著集成》冊六，頁 106。北京：中國戲劇出版社，1959。

28 《中國古典戲曲論著集成》冊六，頁 10。北京：中國戲劇出版社，1959。

29 《吳吳山三婦合評牡丹亭還魂記》之〈冥誓〉[鮑老催]批語，清芬閣藏本。

形出，愈覺淒涼。」而吳氏在評《長生殿》時，也指出：

> 風定日遲，鳥聲花影，純寫寂寥光景，與貴妃在宮，
> 繁豔之狀不同，而又以愁境引起歡情，轉到追悔之
> 意，無限婉折。[30]

> 兩層熱鬧中，插李謩周冷淡一詩，文情更覺生動。[31]

在上述的評論中，「樂境中最傷心」、「苦境從樂境形出」以及「以愁境引起歡情」再再都運用了苦樂二元共構的詞組來表述吳氏對於戲曲情境二元融合的審美傾向，楊義認為中國敘事文學常用冷熱、苦樂二元情境來對舉，其實是別具意義：

> 「熱中有冷，冷中有熱」意味著冷熱不是截然分開
> 的，而是互蘊互涵、有所側重的複合形態。因而在它
> 們的相互推移中，側重的情調發生質變，但是在變的
> 過程中必須顧及相互連接的榫頭，使情調反差之間有
> 一種內在的聯繫，對比鮮明，卻了無痕跡。[32]

在苦與樂的交雜中，不但不會破壞情境的純粹性，反而以苦境與樂境的相互對比映襯下，能使觀者更深刻的體會到劇作者對於情境的渲染效果。

清代另一位曲論家丁耀亢，於其所著之《嘯台偶著詞例》中，論及戲曲創作技巧之「三難」及「六反」，使用兩兩相反的二元對立法來達成戲曲情境上的中和則最為鮮明：

> 詞有三難：一、布局，繁簡合宜難。二、宮調，緩急
> 中拍難。三、修詞，文質入情難。

---

30 《長生殿》，吳舒鳧評本，頁 19。台北：文光圖書公司，1969。
31 《長生殿》，吳舒鳧評本，頁 24。台北：文光圖書公司，1969。
32 參見楊義《中國敘事學》，頁 73。北京：人民出版社，1997。

詞有六反：清者以濁反，喜者以悲反，福者以禍反，
君子以小人反，合者以離反，繁華者以淒涼反。[33]

丁耀亢在上述的「三難」及「六反」中，論述了舉凡戲
曲音樂、文詞、人物、情節、情境等各種重要的構成元素，
並均以兩兩成對的詞組來共同構築戲曲各個技術層面上的均
等平衡，其中牽涉到情境追求的為喜以悲反、合以離反、繁
華以淒涼反。「反」其實是一種調合，不讓戲曲情境過度的單
一純粹，明清的曲論家在面對情境的調節掌控時，他們要求
的往往是二元共構式的「中和」，不要悲則悲到底，也不要喜
則喜到底，複合式的情境，尤其是在兩極的情境相互消長之
後取得平衡，反而是他們認為最理想的戲曲情境。浦安迪就
曾針對這種兩極式的交替複合情境，做出解釋：

> 萬物在兩極之間不斷地交替循環，這種交相循環的模
> 型可以用以形容「冷熱」、「明暗」，甚至於「生死」
> 交替的形象，亦即列維・斯特勞斯（Levi-Strauss）所
> 謂的 binary opposition 現象。但是，中國敘事文學裡
> 所描寫的離合、悲喜、盛衰等經驗模型，比上述理論
> 還要更為繁複，不容易捉摸。當這種「二元補襯」的
> 現象被明清的文人小說家拿來描寫各種故事時，讀者
> 往往一方面被「消極」的一端——即人間的「離」、
> 「悲」、「衰」等現象——所吸引，另一方面又適時地感
> 受到「合」、「喜」、「盛」等對立的「積極」要素。[34]

33　收入《中國古典編劇理論資料匯輯》，頁 211-212。北京：中國戲劇
　　出版社，1984。
34　浦安迪《中國敘事學》，頁 95。北京：北京大學出版社，1996。

　　因此人間的悲離情境需藉由喜合來加以填補及稀釋，也正因為「消極」的情境將人的情緒向下牽引，「積極」的情境將觀者情緒向上提升，也才更別具滋味。

四、情節操作的技術性

　　當曲論家們確立了戲曲敘事的審美形態及情境設定之後，如何把一部戲的故事說得好，就成為敘述者最重要的課題。王季烈論《長生殿》時曾言：

> 悲歡離合謂之劇情，演劇者之上下動作謂之排場，此二事最須留意。[35]

　　王氏在此處所謂的「劇情」，也就是指情節的鋪排而言。古典戲曲的故事行進，是採用所謂「線性」式的運作方式，故事情節的鋪陳往往是具有順敘性質的完美結構，亦即有前、中、後段完整故事的交待，關於此點，歷來已有非常多的戲曲學者關注及討論。戲曲故事的鋪陳既然採用有頭有尾的容納方式，那麼以此而言，是不是每一個故事的敘述方式都大同小異呢？其實不然，不同的劇作家對不同故事情節的設置，言人人殊，戲法人人會變，但卻各有巧妙，這其中對於各個單一事件的安排，其實具有高度的技巧性。這種情節的技巧，即是所謂敘事節奏的掌控。所謂「節奏」，EM.福斯特將節奏做為評論小說很重要的一項要素：

> 它不像模式似的老待在那兒，而是以它那美妙的消長

35　王季烈《螾廬曲談》卷二第四章〈論劇情與排場〉，頁30。台灣：商務印書館，1971。

起伏，使我們心裡充滿驚訝、新鮮和憧憬等感覺。[36]

存在於各種藝術當中，音樂的快慢需有節奏，舞蹈的動作也要有節奏，而在戲曲藝術當中，對於敘事素材內部情緒的張弛及外部情節發展的速度即為節奏：

> 節奏的實質，是對於審美過程中情緒的控引抑揚，是敘事文本表現出來的一種張弛交錯的特殊美感，是符合讀者「心力」（審美心理）的藝術創造…敘述節奏涉及到了作品內在的張力、故事的流暢性、強度與速度等諸多問題。[37]

戲曲作品由各個大小不同的場次串連而成，在場與場之間如何調配方能使之達到合諧並突顯主題，此正是以「節奏」來做為調整的依據。古典劇論中，講到戲曲家如何調整敘事節奏，亦常出現以二元共構的形式來做為調合的方法，展現的二元共構詞組則包涵了「蔓促」、「冷熱」、「苦樂」、「繁簡」、「詳略」、「近縱」、「濃淡」、「閑、熱鬧」、「緊緩」等。

明代孫曠（月峰）在〈作詞十要〉中曾經提到十項作曲的必要法則，其中的第七項為

> 第七要善敷衍，淡處做得濃，閑處做得熱鬧。[38]

所謂「濃淡」、「閑、熱鬧」在於故事內容的鋪敘上給予觀眾的情緒感受，這條例證，其實也牽涉到情境的調配，而「濃」其實也就是指熱鬧的情節安排，「淡」即是「閑」，也

36　EM.福斯特《小說面面觀》，頁431。中國對外翻譯出版公司，2002。

37　引自吳子祥〈敘事成規：金聖嘆的“文法”理論〉，《河北學刊》第26卷第5期，2006年9月。

38　《中國古典戲曲論著集成》冊六，頁223。北京：中國戲劇出版社，1959。

就是較爲文靜的情節場次。

　　敘事的節奏在此呈現出來的是冷熱場次相互交替的處理方式，王驥德於《曲律》中曾針對敘事節奏加以說明：

　　　勿太蔓，蔓則局懈，而優人多刪削；勿太促，促則氣迫，而節奏不暢達。[39]

　　王驥德認爲敘事的情節線索必須集中，對於旁見側出的各種細節應該加以節制，以免造成敘事節奏的拖沓繁冗。但也不能過於草率急進，否則便會造成節奏的侷促不暢。至於依何種標準來攝取拿捏，王氏認爲必須要「審輕重」[40]，對於劇中的主要事件應列爲最先考量的重點，並且著力鋪陳渲染，使其中的戲劇性能發揮完足。至於較爲次要的事件，則需視與主要事件的距離遠近及必要性加以選擇，但必須穿插得宜，否則一味敷演，戲劇效果將大打折扣。因此，不論擇取的事件多少，總以「暢達」爲主要訴求，亦即敘事節奏的行進速律應力求順暢，因此在敘事的多寡、快慢及輕重間取得平衡，是王驥德對於外在敘事節奏的主要著眼處。

　　祁彪佳亦將敘事的情節節奏做爲評論戲曲敘事結構的重點，如其評《紈扇》一劇：

　　　一意填詞，雖綺麗可觀，而於開闔離合之法，全是瞶瞶。[41]

　　正是以戲劇情節節奏的掌控及敘事情調的調配做爲評劇

39　《中國古典戲曲論著集成》冊四，頁137。北京：中國戲劇出版社，1959。

40　此處可參考王驥德《曲律》論劇戲第三十。

41　祁彪佳《遠山堂曲品》，收入《中國古典戲曲論著集成》冊六，頁22。北京：中國戲劇出版社，1959。

的重要標準。至於在詞藻的創作上，即使是作者極力雕鏤，終究不能掩飾其於情節配置上的失當。

　　此外，祁氏對於構局的繁簡、詳略均置於評劇時十分重要的地位，雖然以繁與簡而言，在鋪陳上應力求簡潔不蕪蔓，但太過於簡單化的情節，就會導致單調乏味，甚至流於膚淺不夠深刻，而其間端視劇作者如何來靈活操弄[42]。至於鋪敘的詳略更直接影響到節奏的速度，如何在詳略的兩極間做出取捨，找到其中的平衡點，更需要劇作家的巧思慧心。在眾多的事件當中該保留什麼及該捨棄什麼，什麼該著力描寫，什麼又該淺淺帶過，都足以決定一部戲的成敗得失。例如評《合劍》一劇：

　　　　一味鋪敘，詳略失宜。[43]

　評《狐裘》：

　　　　平鋪直敘，詳略尚未得法。[44]

　　都是著眼在事件的取決及描寫比重的掌握上。而當故事中的情節選取妥當之後，更須配合事件內在所涵蘊的情調，

42　祁彪佳對戲曲敘事的繁簡鋪陳上，在《遠山堂曲品》的評語中經常提及，經由這些評語可以窺見他對於敘事節奏的想法，如評《鸘釵》「境界疊見，其中宜刪繁就簡。」《中國古典戲曲論著集成》冊六，頁 44。北京：中國戲劇出版社，1959。評《保主》「曲有繁簡之宜，未必一簡便屬勝場。如此記，每一人立腳未定，便復下場，何以聳觀者耳目。」（前揭書，頁 60）。因此即便是祁彪佳較傾向於簡潔有力的敘事法，但卻必須加以深化，使觀眾能在最短的時間內留下最深刻的感受或印象，才是「簡淨得法」。

43　《中國古典戲曲論著集成》冊六，頁 55。北京：中國戲劇出版社，1959。

44　《中國古典戲曲論著集成》冊六，頁 92。北京：中國戲劇出版社，1959。

例如《玉鏡台》一劇在鋪敘事件上：

　　於緊切處，反按以極緩之節。[45]

　　就是沒有兼顧到敘事節奏間的相互連繫，因此產生情節與情緒之間的失調問題。

　　討論戲曲敘事技法最爲細緻的曲論作品，應屬金聖嘆所評點的《西廂記》，雖然清代戲曲家李漁認爲金聖嘆的評點方法未得「優人搬弄之三昧」，他的精闢層面僅只於「文人把玩」的案頭式評點，但是如果我們針對戲曲敘事技法的這個層面來看，金聖嘆對於《西廂記》的敘事法則，已達到精雕細琢的地步。在金批西廂中他對於敘事的節奏非常重視，對於一部敘事作品該如何操作節奏的快慢、強弱這些技法，其實在金氏所評點的《水滸傳》中，形成一個重要的結構分析法則。[46]而在金批西廂中，雖然討論「節奏」的篇幅不及《水滸傳》，但他在批點《西廂記》中所提出的「近縱」論，仍是十分的精采。

　　金聖嘆將《西廂記》一十六折的情節，依其在整體結構中的意義及功能，冠以「生」、「此來彼來」、「三漸」、「二近」、「三縱」、「兩不得不然」、「實寫」、「掃」及「空寫」等不同敘事技巧分析法則，其中的「二近」、「三縱」即爲討論《西廂記》中關於敘事節奏的部份。「二近三縱」實即爲戲劇情

45　《中國古典戲曲論著集成》冊六，頁 52。北京：中國戲劇出版社，1959。

46　關於金聖嘆論《水滸傳》的敘事節奏，可參看劉春堂〈金聖嘆敘事節奏論〉一文，此文所整理出金氏論節奏的調整，也呈現了二元共構的有趣現象，例如「忙閑」、「擒縱」、「詳略」等。或參考其他討論金批水滸的相關著作，此處暫不做細部討論。

節布局上的曲折紆迴，也就是情節節奏上的鬆緊快慢：

> 何謂『二近』？〈請宴〉一近，〈前候〉一近。蓋近
> 之為言，幾幾乎如將得之也。幾幾乎如將得之之為
> 言，終於不得也。終於不得，而又為此幾幾乎如將得
> 之之言也，文章倒起變動之法也。『三縱』者，〈賴婚〉
> 一縱，〈賴簡〉一縱，〈拷艷〉一縱。蓋有近則有縱也。
> 欲縱之，故近之。亦欲近之，故縱之。「縱」之為言，
> 幾幾乎如將失之也。幾幾乎如將失之之為言，終於不
> 失也。終於不失，而又為此幾幾乎如將失之之言者，
> 文章倒起變動之法既已如彼，則必又如此也。[47]

　　「近」是指人物的願望本來已經幾乎可以實現，而在敘
事次第上處於順勢之時，觀眾也以為主角的願望將要實現，
卻終於並未如願。作者在此時明知願望不會實現，卻要將情
節安排得接近要實現的態勢。在〈請宴〉一折中，因張生搭
救鶯鶯，而使兩人有了婚姻的關係，張生自認信心十足，以
為能贏得佳人成為眷侶，不料老夫人突然悔婚，要二人以兄
妹相稱，因此原以為得卻終於失之。〈請宴〉一折為《西廂記》
情節衝突的第一個波瀾，因為由此處而產生許多人物內心的
起伏變化，此為一「近」。

　　金氏指出：

> 作者細思久之，細思彼張生之於鶯鶯，其切切思思，
> 如得旦暮遇之，固不必論也。即彼鶯鶯之於張生，其
> 切切思思，如得旦暮遇之，殆亦非一口之所得說，一

47　《金聖嘆批本西廂記》〈後候〉，頁196。上海古籍出版社，1986年。

筆之所得寫也。無端而孫飛虎至，無端而老夫人許，然二無端自天而降。此時則彼其一雙兩好之心頭、口頭，眼中、夢中，茶時、飯時，豈不當有如雲浮浮，如火熱熱，如賊脈脈，如春蕩蕩者乎？乃今前文之一大篇才破賊，後文之一大篇便賴婚。破賊之一大篇，既必無暇與彼一雙兩好寫此如雲、如火、如賊、如春之一段神理。而賴婚之一大篇，即又何暇與彼一雙兩好寫此如雲、如火、如賊、如春之一段神理乎？千不得已，萬不得已，算出賴婚必設宴，設宴必登請，而因於兩大篇中間，忽然閒閒寫出一紅娘請宴。亦不於張生口中，亦不於鶯鶯口中，只閒閒於閒人口中，恰將彼一雙兩好之無限浮浮熱熱，脈脈蕩蕩，不覺兩邊都盡。[48]

而〈前候〉一折，張生苦苦哀求紅娘遞簡，張生已知鶯鶯心中情意，因此自以為已得佳人芳心。卻不料竟遭〈賴簡〉的磨難，被鶯鶯痛斥，自此得病，之後又生出其他轉機，此為第二「近」。

而「縱」須與「近」搭配使用，它同樣用於人物在願望幾乎幻滅並且以觀眾角度來看也勢必將要幻滅，卻竟沒有完全幻滅，且出現了一線曙光。

「近」與「縱」這兩者與「三漸」不同，均屬於逆態的敘事動線。在〈賴婚〉一折中因老夫人的反悔，使崔張二人對前景失望，本以為就此斷絕的婚姻之路，卻又因緊接在後

---

48 《金聖嘆批本西廂記》〈請宴〉，頁110。上海：古籍出版社，1986。

的〈琴心〉而萌起生機。由〈請婚〉一近一縱間，產生男女主角在情感道路上第一次波折。〈賴簡〉一折，因鶯鶯為了保有相國小姐的尊榮，雖心中實想與張生相見，卻又把矜持放在表面，在張生夤夜到來時怒斥相拒，因而使張生對愛情失望，這其間是情節的又一次曲折。〈拷豔〉一折，老夫人查覺崔張二人間事有蹊蹺，因而拷問紅娘，得知二人私定終身，使二人情緒跌入谷底，本以為從此無法相見，卻又因紅娘的正義言詞說動老夫人，而有了意想不到的轉變。其間不但男女主角情感起伏波瀾，也將觀眾的情緒推到高點。

　　金氏「近」與「縱」這兩個概念，重點在於把觀眾的情緒由創作者完全掌控，將之置於情感的懸宕鐘擺之間。就如同劇作家放置了一道閘門，在情感即將衝洩而出時，偏偏將閘門關上，等到這種情感上的「勢」已經到了豐沛無法抑遏之時，再給予傾洩的時機，將這個由劇作家所操控的情感閘門打開。因此，不論是劇中人物或劇外觀眾，都因這二種方法的交互運用而置身於曲折的情節之中，所謂「倒起變動之法」，正是謂此。

　　毛宗崗的敘事文學評點《成裕堂繪像第七才子書琵琶記》頗受到金聖嘆評點《西廂記》的影響，例如他曾論道：

> 文章之妙，妙在反跌。嘗讀《西廂》有崔夫人賴婚一段文字在後，則先有〈請宴〉一篇，兩口相同，欣欣然以為姻之必就，以反跌之。今讀《琵琶》有蔡狀元卻婚一段文字在後，則先有招婿一篇，三口相同，欣欣以為媒之必成，以反跌之。蓋作文之法，不已伏則下

　　文不現，不反跌則下文不奇，正處用實，反處用虛。[49]

　　此處所謂作文之法 —— 反跌，其內涵與金聖嘆之「近縱」十分相似，「反跌」是一種逆勢的情節安排，爲了阻擋原來順勢的節奏行進，這點毛氏在評《琵琶記》時，說得十分清楚：

　　　　吾友蔣子新又嘗云，文章但有順而無逆，便不成文
　　　　章，傳奇但有歡而無悲，亦不成傳奇，誠哉是言也。[50]

　　毛氏認爲要造成戲劇之中情調上的順逆反差，最直接的方法就是加入人物的逆勢行動，以使原先順利行進的情節線有了逆勢阻隔的因素，如《西廂記》中的崔夫人或《琵琶記》中的牛丞相都屬於「使文法一變」的反差性人物。李漁《閒情偶寄·演習部》中有云：

　　　　予謂傳奇無冷熱，只怕不合人情。如其離合悲歡，皆
　　　　為人情所必至，能使人哭，能使人笑，能使人怒髮沖
　　　　冠，能使人驚魂欲絕，即使鼓板不動，場上寂然，而
　　　　觀者叫絕之聲，反能震天動地，是以人口代鼓樂，贊
　　　　歎為戰爭，較之滿場殺伐，鉦鼓雷鳴，而人心不動反
　　　　欲掩耳避喧者為何如？豈非冷中之熱勝于熱中之
　　　　冷，俗中之雅遜於雅中之俗乎哉？[51]

　　李氏此言揭示了作劇技法上一個很重要的原則，所謂調劑觀眾情緒的弛張，不在於表面上的鑼鼓喧天，因爲如果不配合情緒上的深化，反而使得情節的膚淺益發彰顯。冷和熱

49　毛聲山評點《琵琶記》第十二齣〈奉旨招婿〉前批，頁 43。台北：
　　文光圖書有限公司，1978。
50　毛聲山評點《琵琶記》參論，頁 26。台北：文光圖書有限公司，1978。
51　李漁《閒情偶寄》,〈選劇第一·劑冷熱〉,頁 72。台北：長安出版社，
　　1990。

的衡量標準應建立在觀者對於事件實質的感受上，而非其他外化的形式[52]。

　　此外，不論冷中之熱或熱中之冷都是相互依存的必要元素，單獨存在於劇中並無意義，因為唯有在它們正反相互碰擊之中，所謂節奏的功能才能產生。

五、結　語

　　承上所論，在中國古典敘事曲論中，所謂「二元」詞組其實普遍存在於包括對於整體敘事的審美形態、情境的營造及情節操作的技術層面當中。呈現於審美形態的二元詞組包含：「歡合」與「悲離」；呈現於情境營造上的二元詞組包含：「苦境」與「樂境」、「離合」、「炎冷」、「愁歡」、「悲喜」、「繁華」與「淒涼」、「順逆」、「雅俗」、「深淺」、「濃淡」；而呈現於情節操作技巧的二元詞組包含：「蔓促」、「冷熱」、「繁簡」、「詳略」、「近縱」、「濃淡」、「閑、熱鬧」、「緊緩」等。在這些二元詞組中可以發現不論它出現在何種層面上，孤立的詞往往都不具有積極性的意義，必定是要兩兩出現，才能形成有意義的作用。而二元詞組兩極間的關係，不是對立的或相斥的，反而是彼此共存的相容的。正如同一個槓桿，當兩極的比重不均時，它所呈現的型態就傾斜而不平衡，唯有兩極

---

52 至於冷熱場面的用法，李漁也曾明確的規定，他認為在戲劇的上半場結束時，應該讓觀眾的情緒達到緊繃的狀態，如此方能使人有看下去的想望。而在戲劇的開場中應先取靜不宜過於喧騰，終場時則不可過於寂寥靜冷，應使觀眾保持熱切的感受，如此才是節奏的掌控的原則。

的元素比重相當，才有可能維持在一種協調而均衡的狀態之中。也唯有在審美、情境及情節都達到平衡，理想的戲曲美感才於焉產生，而這又是與「中和」的中國文化審美追求完全一致。

肆、清代梁廷枏《藤花亭曲話》之敘事質素析探

一、前　言

　　清代晚期的戲曲，由於當時的社會環境正面臨著各種內外的衝擊，而傳統的戲曲體式不論是傳奇抑或雜劇均無法契合當時大眾的需求，因而此時新的戲曲體式遂取代舊制，肩負起反映民眾意志甚或催化社會轉型的新使命。也使得原本依附於舊戲曲體式的傳統戲曲評論，逐漸失去了原本的主體優勢。歷來研究古典戲曲理論的學者認爲這個階段的曲論，是一個不甚出色亦無創新建樹的灰暗時期。職是之故，因而有漸趨蕭條的態勢，凡此誠因主體的式微而導致客體無法有更進一步的開展，這當然是時空轉變所產生的合理現象。不過若以此來評斷清代晚期所有的傳統曲論並不十分公允，因爲產生於清晚期的《藤花亭曲話》其在戲曲敘事理論上的著墨，在當時寂寥的環境中就十分醒目。梁廷楠的《藤花亭曲話》在早期如日本學者青木正兒或戲曲史研究者如周妙中等

人的研究中多半所得評價不高[1]，不過這類型的批評大多屬於泛論性質。而晚近的戲曲理論研究者卻採取了較爲不同的看法[2]，如齊華森於《曲論探勝》中指出：

> 梁廷枏的《藤花亭曲話》，不見有專文論述，在一些戲曲史論著中偶有提及，但都語焉不詳，足見並不爲人所注目。其實梁氏論曲，不僅態度較爲公允且注重具體分析，這已屬難能可貴；其品評各家劇作，十分強調藝術獨創，善於運用比較方法，更是匠心獨具，是很值得我們研究珍視的。[3]

此書共分五卷，其中第一卷多爲迻錄傳奇及雜劇的篇目；第四卷以格律譜法的討論爲主；第五卷爲雜論性質，以上均無太多曲論的展現。而第二及第三卷爲各家作品的評鑑賞析，雖仍屬「雜憶而隨記之，了無倫次」[4]，但卻是其曲論的主要展現所在，而在各項品評標準中，尤以對於敘事觀念的重視爲《曲話》的重要特點。

1　青木正兒於《清代文學評論史》中認爲：「梁廷楠的《曲話》五卷，亦汎論元曲，將大半篇幅費於此，研究雖較李調元更進一步，然大抵雜錄戲曲史一類的研究或考證，間或涉及評論，也看不出有甚麼名論，可注意者還是在考證方面。」，頁 224。台灣：開明書店，1969。而周妙中於《清代戲曲史》中則認爲：「所論大多是筆記性質，未作深入的研究和考證，因此這部書僅可供參考，不足深信。」頁 372。河南省：中州古籍出版社，1987。

2　如葉長海之《中國戲劇學史稿》、俞爲民、孫蓉蓉之《中國古代戲曲理論史通論》、陳竹之《明清言情劇作學史稿》、齊華森之《曲論探勝》、趙山林之《中國戲劇學通論》等，均以專節來探討《藤花亭曲話》的各項理論特點，均十分深入而全面。

3　見齊華森《曲論探勝》，頁 158。上海：華東師範大學出版社，1985。

4　梁廷枏《藤花亭曲話》卷五，頁 294。收錄於《中國古典戲曲論著集成》冊八，北京：中國戲劇出版社，1959。

　　在種類紛呈的古典劇論中，關於「敘事」一項的理論體系發展較晚，大約以明代孫鑛所提出南戲十要中的「事佳」或李贄評《紅拂》一劇中提出「事好」的標準爲戲曲敘事理論較爲保守的時間上限[5]。而古典劇論中所謂的「事」應含括兩種內容層次，一爲題材（敘事本體），一爲情節，泛論之亦即戲曲所要演述的「故事」。劇作家創作之始，必須先選定題材，即敘事的主體，主體要如何展現，往往是決定戲曲優劣的關鍵所在，因此情節結構的鋪排以及細節的處理更是劇作家應著眼的所在，是以，戲曲敘事理論最主要的乃在處理「事」的選取及鋪陳等相關問題，本文即以此對《藤花亭曲話》中所涵蓋的敘事質素加以一一檢視。

二、關於敘事主體的問題

　　所謂「敘事主體」也就是指戲曲藝術中被選定將要演述的故事本體而言。在《藤花亭曲話》（以下簡稱《曲話》）中，對於故事題材的選擇上最主要的主張即是強調藝術的創新而反對陳陳相因抄襲雷同。針對古典戲曲在表現故事的選材上，《曲話》認爲有兩種明顯的弊病需要避免，其一爲故事題材相同，情節亦相互雷同，梁氏對此種存在已久的問題加以指責：

> 元人雜劇多演呂仙度世事，疊見重出，頭面強半雷

---

5 這並不代表孫鑛或李贄就是戲曲敘事理論的最早提出者或是創始者，而僅是就戲曲理論中較早出現以「事」爲考量因素的材料上的呈現。

同。馬致遠之《岳陽樓》，即谷子敬之《城南柳》，不
惟事蹟相似，即其中關目、線索亦大同小異，彼此可
以移換。其第四折，必於省娛之後，作列仙出場，現
身指點，因將群仙名籍，數說一過，此岳伯川之《鐵
拐李》、范子安之《竹葉舟》諸劇皆然，非獨《岳陽
樓》、《城南柳》兩種也。[6]

　　梁氏認為元代戲曲在故事題材的本體上往往一再重複使
用相同的素材，即使名家有如馬致遠也不能避免，其所作《岳
陽樓》在素材及情節的鋪排上幾乎與谷子敬之《城南柳》可
以相互移換，可見其雷同相因的情形十分明顯，這一種是劇
作家在創作劇本的同時就已經形成的缺陷。此外，也有在戲
曲扮演時所產生的雷同弊病，如：

《灰闌記》、《留鞋記》、《蝴蝶夢》、《神奴兒》、《生金
閣》等劇，皆演宋包待制開封府公案故事，賓白大半
從同；而《神奴兒》、《生金閣》兩種，第四折魂子上
場，依樣葫蘆略無差別。相傳謂扮演者臨時添造，信
然。[7]

　　這種情況除了故事題材的主角相同外，情節的細部並未
必相似，但元代戲曲的創作者一開始即傾向於重曲文而輕賓
白，因此往往只創作了故事構成的主要曲文，卻缺少賓白部
份，在交由演員演出時，許多戲班均有許多賓白的熟套，遇

6　梁廷枏《藤花亭曲話》卷二，頁 258。收錄於《中國古典戲曲論著集
　成》冊八，北京：中國戲劇出版社，1959。
7　梁廷枏《藤花亭曲話》卷五，頁 262。收錄於《中國古典戲曲論著集
　成》冊八，北京：中國戲劇出版社，1959。

到曲文情節相同或相似時，即以現有的熟套加入曲文之中，因而造成不同劇情但對白卻相同的粗糙情形。這樣的做法往往對於故事本體造成傷害，梁氏對於這種在故事本體上的雷同性不以為然。另外一種雷同情況是劇作者在選取事件主體時雖並不相同，但在情節的鋪排上卻陳陳相因，也就是借用熟套，以現有的情節模式填充上不同的時空設定或主角人名：

> 《漁樵記》劇劉二公之於朱買臣，《王粲登樓》劇蔡邕之於王粲，《舉案齊眉》劇孟從叔之於梁鴻，《凍蘇秦》劇張儀之於蘇秦，皆先故待以不情，而暗中假手他人以資助之，使其銳意進取；及至貴顯，不肯相認，然後旁觀者為說明就裏；不特劇中賓白同一板印，即曲文命意遣詞，亦幾如合掌，此又作曲者之故尚雷同，非獨扮演者之臨時取辦也。[8]

以西方戲劇的表現方法而言，每一個劇本的獨特性就在於置於戲劇中的衝突點與戲劇性的不同，而這樣的戲劇性會造成觀眾的懸念，從而對敘事主體的推衍不斷產生探究的興趣。但反觀梁氏所言，即使劇作者在題材的選取上均不相同，但卻用了相同的手法製造人物間的衝突而對白也幾乎完全相同，即所謂千人一面，千部一腔，這種情況無疑使原本精心擇取的故事主體失去了原有的獨創性。他並對於《㑇梅香》一劇的故事情節加以仔細分析，發覺此劇與《西廂記》竟有多達二十處相同，因此刻意模仿或抄襲的情形十分嚴重。而《焚香記》也存在同樣的情況：

8　梁廷枏《藤花亭曲話》卷五，頁 294。收錄於《中國古典戲曲論著集成》冊八，北京：中國戲劇出版社，1959。

> 《焚香記》寄書折，關目與《荊釵記》大段雷同。金
> 員外潛隨來東，孫汝權亦下第留京，一同也；賣登科
> 錄人寄書，承局亦寄書，二同也；同歸寓所寫書，同
> 調開肆中飲酒，同私開書包，同改寫休書，無之不同，
> 當是有意勦襲為之。[9]

　　細繹古典戲曲在題材上雷同相因的例子汗牛充棟，反而自出機杼的獨創作品較為少見，這種普遍存在的情況到底是什麼原因所造成的呢？這牽涉到中國古典戲曲的特殊藝術構成形式，中國古典戲曲雖屬敘事文學的一支，但向來卻不以敘事為主要創作目的，反而以抒情為最終審美目標，因為古典戲曲是一種以曲體結構領導敘事結構的獨特藝術形式，這點與西方的戲劇觀念迥然不同。因此抒情方為戲曲表現的主體，而敘事卻是用以達成此目的的輔助工具，傅謹曾指出：

> 戲曲並非以故事為其結構中心的藝術形式。中國戲曲
> 也具有敘事的因素，但是，實際上只要對戲曲的經典
> 作品作一點點分析，就不難發現長於抒情的中國戲曲
> 同時也短於敘事，或者說，戲曲的敘事結構在戲曲作
> 品中的重要性要遠遜於戲曲中的音樂結構。也就是說
> 在戲曲作品中，至少從結構的意義上說，音樂不是一
> 種輔助性的手段，它本身就具有嚴密的內在完整性，
> 而且正是這個音樂結構支撐著戲曲這座藝術大廈。[10]

9　梁廷枏《藤花亭曲話》卷三，頁 276。收錄於《中國古典戲曲論著集
　　成》冊八，北京：中國戲劇出版社，1959。
10　傅謹《戲曲美學》第二章〈戲曲的抒情本質〉，頁 60。台北：文津出
　　版社，1995。

　　這也正可以說明在古典戲曲理論體系中，何以曲學體系
最早得到完善發展及受曲家重視的原因所在。也正因為藉音
樂以達抒情的目的之故，敘事主體往往受到漠視或不被優先
考慮，因為音樂在戲曲表現中具有決定性的作用，事件的披
附只是次要的手段，而音樂的作用即在於表達情緒，抒發情
感，王安祈先生曾舉京劇《武家坡》為例云：

> 例如平劇《武家坡》，離家十八年的薛平貴，回到寒
> 窯前，乍見王寶釧時，非但不立即相認，反而隱瞞身
> 份，假造婚書，對其妻大加試探，直到確定寶釧之堅
> 貞後，方才開懷大笑，夫妻相認。這齣戲的高潮，正
> 在「試探」過程中的西皮對口唱段，這段情節…編劇
> 所要強調的，乃是薛平貴的「懷疑情緒」。…編劇的
> 重心不在「敘述故事」，而在「抒發情緒」。換言之，
> 中國古典戲劇之藝術價值，原在抒情精神。[11]

　　所以敘事只是戲曲家為了表現「抒情精神」這個戲曲主
體所選擇的載體，因此在題材的揀選上甚少獨創新題，反而
是集中在舊有的歷史故事、神話傳說中找尋值得抒發的材
料，因此造成許多故事性較高或情節較富變化的歷史素材被
一再的選用，梁氏指出元人常用呂洞賓故事敷演成雜劇的情
形在此可以得到進一步的解釋。一再因循舊有題材及情節的
原因，傅謹亦有其解釋：

> 因為戲曲沒有足夠的敘事表現能力，戲曲作家在構思
> 戲曲劇本時，自然不會試圖憑藉這種藝術媒介再現事

11　王安祈師〈中國古典戲劇的藝術精神〉，頁 31。《中國美學論集》，台
　　北：南天書局，1989。

件，不會試圖讓事件成為戲曲作品的核心，他們自然
會想方設法盡可能不使戲曲作品中的事件成為觀眾
們的注意焦點。或者說，他們在選擇題材時，總是會
自覺不自覺地考慮到盡可能不去選擇那些在故事情
節上過於吸引人的題材。[12]

　　傅謹此處所論其實僅能做為古典戲曲部份作品敘事主體
粗糙的解釋，因為如此的說法，顯著對於明中期後戲曲家們
競相爭異逞奇追求題材及情節結構的變幻多方無法給予合理
的說明。不過敘事主體的不被重視及用心，的確普遍存在於
古典戲曲作品中。梁氏指出，即或連湯顯祖如此的戲曲大家，
其《邯鄲夢》的故事承自唐傳奇《枕中記》，就連其中第四折
亦沿襲元人，湯氏況且如此，遑論其他[13]。因此梁廷楠在《曲
話》中對於敘事主體的要求非常反對因襲雷同，他對於能夠
創新手法表現素材的作品大表贊賞，如其評蔣士銓九種曲云：

　　《香祖樓》、《空谷香》兩種，於同中見異，最難下筆。
蓋夢蘭與淑蘭皆淑女也，孫虎與李蚓皆繼父也，吳公
子與扈將軍皆樊籠也，紅絲、高駕皆介紹也，成君、
裴畹皆故人也，且小婦皆薄命而大婦皆賢淑也，使出
自俗筆，難免雷同，乃合觀兩劇，非唯不犯重複，且

---

12 傅謹《戲曲美學》第二章〈戲曲的抒情本質〉，頁 80。台北：文津出
　　版社，1995。

13 梁廷枏《藤花亭曲話》卷二：「湯若士《邯鄲夢》末折〈合仙〉，俗呼
　　「八仙度盧」，為一部之總匯，排場大有可觀，而不知實從元曲學步，
　　一經指摘，則數見不鮮矣。…然以元人作曲，尚且轉相沿冀，則若士
　　之偶爾從同者，抑無足詆譏矣。」，頁 276。收錄於《中國古典戲曲
　　論著集成》冊八，北京：中國戲劇出版社，1959。

各極其錯綜變化之妙，故稱神技。《四絃秋》因《青
衫記》之陋，特創新編，順次成章，不加渲染，而情
詞淒切，言足感人，幾令讀者盡如江州司馬之淚濕青
衫也。[14]

　　以梁氏觀點認爲，即或是題材的襲舊只要能於敘事結構
上加以精心鋪排，一樣能展現新穎可喜的作品。因此以梁廷
枏《曲話》中的線索來看，他對於敘事主體的要求大致上有
二個方向，一爲尋找新的故事主體，儘量避免重同的情形；
二爲即使題材相同，在情節的處理上也必須推陳出新，避免
鋪陳的公式化。

三、對敘事結構細節的講求

　　古典戲曲雖與古典小說同屬敘事文學，但古典戲曲必須
在有限的時間及空間中將所選取的故事完整扮演出來，因此
無法將事件巨細靡遺的呈現，在這種條件下，古典戲曲的敘
事結構亦必須在一種嚴謹周全的形式下來完成。不過細究戲
曲作品，卻往往發覺許多傳奇因爲體制宏大，造成劇作家在
鋪排情節時不夠嚴謹或是置入太多線索但到頭來卻無法收束
等等結構鬆散的弊病。《曲話》對於戲曲的敘事結構部份著墨
甚多，梁廷枏認爲，在敘事結構的安排上首重情節間的嚴密
性，也就是情節間必須首尾照應、針線細密，他認爲萬樹在
這方面就十分嫺熟：

---

14 梁廷枏《藤花亭曲話》卷三，頁 272。收錄於《中國古典戲曲論著集
　　成》冊八，北京：中國戲劇出版社，1959。

> 紅友關目，於極細極碎處皆能穿插照應，一字不肯虛
> 下，有匣劍帷燈之妙也。[15]

此處之「穿插照應」即指敘事情節間的彼此連繫，這種連繫除了在事件的選取上必須考慮發展的因果關係外，往往人物也是連接事件的重要媒介，梁廷枏認為《紫釵記》的優點即在於善於運用人物來連綴情節：

> 《紫釵記》最得手處，在〈觀燈〉時即出黃衫客，下
> 文〈劍合〉自不覺突，而中〈借馬〉折避卻不出，便
> 有草蛇灰線之妙。[16]

以人物做為貫串情節的伏筆引線是結構連繫的重要技巧，但如果在情節間能達到相互直接連屬，使觀者的情緒受情節的牽引而達到劇作家抒情的意圖，則更屬佳構：

> 錢唐洪昉思昇撰《長生殿》，為千百年來曲中巨擘。
> 以絕好題目，作絕大文章，學人、才人，一齊俯首。
> 自有此曲，毋論《驚鴻》、《彩毫》空慚形穢，即白仁
> 甫《秋夜梧桐雨》亦不能穩佔元人詞壇一席矣。如〈定
> 情〉、〈絮閣〉、〈窺浴〉、〈密誓〉數折，俱能細針密線，
> 觸緒生情…。[17]

但也並非所有戲曲名家均能在結構的鋪排上得心應手，元代雜劇代表作家關漢卿就被梁氏指出其於《玉鏡台》一劇

---

15 梁廷枏《藤花亭曲話》卷三，頁 272。收錄於《中國古典戲曲論著集成》冊八，北京：中國戲劇出版社，1959。

16 梁廷枏《藤花亭曲話》卷三，頁 276。收錄於《中國古典戲曲論著集成》冊八，北京：中國戲劇出版社，1959。

17 梁廷枏《藤花亭曲話》卷三，頁 269。收錄於《中國古典戲曲論著集成》冊八，北京：中國戲劇出版社，1959。

中在曲文與情節間的連繫上失當，造成觀者情緒上的中斷：

> 關漢卿《玉鏡台》，溫嶠上場，自〈點絳唇〉接下七
> 曲，只將古今得志不得志兩種人鋪敘繁衍，與本事沒
> 半點關照，徒覺滿紙浮詞，令人生厭耳。律以曲法，
> 則入手處須於泛敘之中，略露求凰之意，下文情歆彼
> 美，計賺婚姻，文義方成一串；否則突如其來，閱之
> 者又增一番錯愕也。[18]

　　像上述這種曲文與情節間不相連屬的問題，在元雜劇中是常見的現象，並非只有關漢卿會產生這樣的失誤，究其原因，仍在於元雜劇基本上是以曲體結構來領導敘事結構，因此曲調及曲詞的優美與否是被列為首要考慮的條件，而元代劇作家常常把既有曲詞優美的套曲直接嵌入戲曲情節當中用以達成抒情的效果；或是自行填詞，但為逞曲藻功力而長篇大論，偏離事件的主題，這樣不但造成觀眾情緒上無法連貫，也完全犧牲了戲曲敘事結構的完整性。元雜劇四折為一完整敘事結構與明清傳奇四、五十齣的敘事結構在情節容量上自有非常大的不同，但傳奇往往取用雜劇故事將之改寫擴大，如此常常造成了結構鬆散空泛的問題，《曲話》指出：

> 荊、劉、拜、殺，曲文俚俗不堪。《殺狗記》尤惡劣
> 之甚者，以其法律尚近古，故曲譜多引之。元無名氏
> 有《殺狗勸夫》雜劇，四折中已覺鋪敘費力，況伸為
> 全部，無怪其一覽無餘味也。[19]

18　梁廷枏《藤花亭曲話》卷三，頁256。收錄於《中國古典戲曲論著集成》冊八，北京：中國戲劇出版社，1959。
19　梁廷枏《藤花亭曲話》卷三，頁257。收錄於《中國古典戲曲論著集成》冊八，北京：中國戲劇出版社，1959。

　　敘事結構的容量多寡直接影響戲曲節奏行進的快慢，而劇作者對於節奏有絕對的掌控權力，如何能將場次之間配合情緒的喜怒哀樂及緊張或鬆弛等各因素相互調和，是作者十分重要的編劇考量。梁廷枏在《曲話》中對此問題也非常注重，並且他了解到雜劇與傳奇在體制上不同，因此在故事容量的取決也不應用相同的標準：

> 《繡襦記》傳奇、《曲江池》雜劇，皆鄭元和、李亞仙事也。元和之父曰鄭公弼，為洛陽府尹；《繡襦記》作鄭儋，為常州刺史，各不相符。《曲江》之張千，即《繡襦》之來興。《曲江》以元和授官縣令，不肯遽認其父；《繡襦》則謂以狀元出參成都軍事，父子萍逢。兩劇雖屬冰炭，要於曲義無關。惟亞仙刺目勸學一事，《繡襦》極意寫出，《曲江》概不敘入，似乎疏密判然。第雜劇限於四折，且正名以『李亞仙花酒曲江池』為題，似此閒筆，亦可無庸煩縷也。[20]

　　傳奇因體制龐大，因此對於情節中需要著重抒情的部份比雜劇來得自由，劇作家往往可以在抒情點上大肆渲染以達到他們想要的效果，因此《繡襦記》中對於〈刺目勸學〉一節多所著墨，而《曲江池》並不加入這一段情節是可以理解的，此外同樣的情況也見諸於《懷沙記》及《讀離騷》二劇中。[21]情節節奏除了在容量的配置上要注重「濃淡疏密」分

---

20 梁廷枏《藤花亭曲話》卷二，頁 257。收錄於《中國古典戲曲論著集成》冊八，北京：中國戲劇出版社，1959。

21 梁廷枏《藤花亭曲話》卷三：「金陵傳漱石《懷沙記》，依《史記・屈原列傳》而作，文詞光怪。全部《楚辭》，隱括言下。〈著騷〉、〈大指〉、〈天問〉、〈山鬼〉、〈沉淵〉、〈魂遊〉等折，皆穿貫本書而成，洵曲海

配得宜外[22]，在情緒的掌控上也是重點，因為觀眾的情緒完全由劇情所牽引，如何一把拿住觀眾的注意力，端看編劇者對於情節的輕重敷佈是否得宜。梁氏對此也曾指出：

> 番禺令仲拓庵卸事後，寓省垣，作《雙鴛祠》八折，即別駕李亦珊事也。起伏頓挫，步武井然，惜〈點譜〉一折，入手太閒；〈歌賽〉一折，收場太重。通體八齣，雜劇則太多，傳奇又太少，古今曲家無此例也。[23]

此處「入手太閒」應即指原本在情節鋪排上該加強描寫以凝聚觀眾注意的地方卻過於鬆散；而「收場太重」則又是將原應輕寫之處，劇作者卻太過於著力，因而造成情節敷佈上濃淡失宜的問題。

梁廷枏對於事件發展之間的合理性也在《曲話》中說明他的看法：

> 《梧桐雨》與《長生殿》亦互有工拙處。《長生殿》按〈長恨歌傳〉為之，刪去幾許穢跡；《梧桐雨》竟公然出自祿山之口。《長生殿》〈驚變〉折，於深宮歡

中巨觀也。惟尤西堂《讀離騷》不然，不屑屑模文範義，通其意而肆言之，陸離斑駁，不可名狀，至云：『便百千年難打破悶乾坤，只兩三行怎弔盡愁天下！』發千古不平於嬉笑怒罵中，悲壯淋漓，包以大氣，與《懷沙》立意不同，然固異曲同工也。」頁 276。收錄於《中國古典戲曲論著集成》冊八，北京：中國戲劇出版社，1959。

22 梁廷枏《藤花亭曲話》卷二中曾對吳昌齡的《風花雪月》一劇作出評論認為：「雅馴中饒有韻致，吐屬亦清和婉約。帶白能使上下串連，一無滲漏；布局排場更能濃淡疏密相間而出。在元人雜劇中，最為全璧，洵不多觀也。」此處「濃淡疏密」即指情節節奏的輕重快慢，由梁氏的稱許可以看出他對情節節奏分配的注重。頁 266。收錄於《中國古典戲曲論著集成》冊八，北京：中國戲劇出版社，1959。

23 梁廷枏《藤花亭曲話》卷三，頁 266。收錄於《中國古典戲曲論著集成》冊八，北京：中國戲劇出版社，1959。

> 燕之時，突作國忠直入，草草數語，便爾啟行，事雖
> 急遽，斷不至是；《梧桐雨》則中間用一李林甫得報、
> 轉奏，始而議戰，戰既不能而後定計幸蜀，層次井然
> 不紊。[24]

　　梁氏《曲話》的特色之一即在善於由比較中找到作品的
優劣得失，並且不因劇作已有的既定評價來做爲他臧否的標
準，因此《曲話》在對於所謂名劇的評價上往往有他自己一
套獨特的見解。《梧桐雨》與《長生殿》可以說在元雜劇及明
清傳奇的作品中均爲一時之選，但梁廷枏卻指出二者間在
「事」的取材上各有優劣不同，梁氏認爲「穢跡」的取去與
否關係著一劇的格調，不過這點主要植基於他認爲戲曲必須
肩負教化功能的思想[25]。對於「事」的取材是否牽涉到淫穢
問題，事實上並不能以此來決定戲曲本質上的優劣，但梁氏
又由另一角度來看二劇時，即完全針對敘事內在的合理性來
做考量，因此他認爲《長生殿》在〈驚變〉一折中對於情節
上的處理是有瑕疵的，同樣的事件在《梧桐雨》中因爲用了

24　梁廷枏《藤花亭曲話》卷三，頁 269-270。收錄於《中國古典戲曲論
　　著集成》冊八，北京：中國戲劇出版社，1959。

25　關於戲曲的教化功能，梁廷枏在《曲話》中十分強調，他認爲要具備
　　忠、孝、節、義的中心思想，戲曲才有價值及積極感化人群的意義。
　　例如他認爲李漁的《笠翁十種曲》主要的命意所在即是李氏的自題
　　詩：「邇來節義頗荒唐，盡把宣淫罪戲場。思借戲場維節義，繫鈴人
　　授解鈴方。」而梁氏又指出，夏綸的作品因都有一個嚴正的倫理主題，
　　因此對夏氏作品十分讚揚：「惺齋作曲，皆意主懲勸，常舉忠、孝、
　　節、義，各撰一種。以《無瑕璧》言君臣，教忠也；以《杏花村》言
　　父子，教孝也；以《瑞筠圖》言夫婦，教節也；以《廣寒梯》言師友，
　　教義也；以《花萼吟》言兄弟，教弟也。事切情真，可歌可泣。婦人
　　孺子，觸目驚心，洵有功世道之文哉！」《曲話》卷三，頁 267。不過，
　　功能論的課題普遍存在於戲曲作品及評論當中，並非梁廷枏所特有。

李林甫來做轉折的緩衝點，就使得此劇在事件的處理上完整
而合理得多。同樣以情節發展間的因果關係及合理性為標
準，《桃花扇》在結構上也存在著許多問題，原本孔尚任所自
詡的對稱式結構及對稱式人物配置的特色，在梁廷枏看來並
不符合敘事發展的必然性，反而讓原本一個好的故事題材在
結構的設計上顯得造作而失當：

> 《桃花扇》筆意疏爽，寫南朝人物，字字繪影繪聲。
> 至文詞之妙，其豔處似臨風桃蕊，其衰處似著雨梨
> 花，固是一時傑構。然就中亦有未愜人意者：福王三
> 大罪、五不可之議，倡自周鑣、雷演祚，今〈阻奸〉
> 折竟出自史閣部，則與〈設朝〉折大相逕庭，使觀者
> 直疑閣部之首鼠兩端矣。且既以〈媚座〉為二十一折
> 矣，復入〈孤吟〉一折，其詞義猶之『家門大意』，
> 是為蛇足，總屬閒文。至若曲中詞調，伶人任意刪改，
> 亦斯文一大恨事。然未有先慮其刪改，而特於作曲時
> 為俗伶豫留地步者。…又以左右部分正、間、合、潤
> 分四色，以奇偶部分中、戾、餘、煞四氣，以總部分
> 經、緯二星，毋論有曲以來萬無此例，即謂自我作古，
> 亦殊覺淡然無味，不知何所見而云也。[26]

《桃花扇》的對稱式結構在古典戲曲作品中可以說是一
種創新的試驗，論者往往均給予正面的評價，且梁廷枏認為
〈孤吟〉一折在內容上與「家門大意」的作用相同，因此在
敘事結構上是重複而多餘的。不過在中國古典戲曲作品中，

---

26 梁廷枏《藤花亭曲話》卷三，頁271。收錄於《中國古典戲曲論著集
　成》冊八，北京：中國戲劇出版社，1959。

類似如〈孤吟〉這樣對於故事推衍不甚具有作用的段落其實所在多有。正如前述，古典戲曲最終所要表達的目的乃在抒情而非敘事，所以我們可以發現常常有大段的唱腔，但究其重心只不過在於回憶往事甚或抒發情緒，它往往只是情緒上的一個凝結點，而對故事的發展及行進幾乎沒有作用。但這些段落卻常常反倒被保留下來，成為一劇的精華，《牡丹亭》中的〈遊園〉即為顯例。所以《桃花扇》只不過是在齣目上出現「試」、「加」、「閏」、「續」等名稱，使得這些齣目在整體結構上較為醒目而整齊，而非散佈於敘事結構中，實則這些齣目其終究的作用仍在於「借離合之情，寫興亡之感」，這點與古典戲曲的表現目的是相一致的。雖然梁廷枏在敘事結構上對《桃花扇》不表贊同，但卻對孔氏採用悲劇式的結尾收場表示肯定，認為能用〈餘韻〉作結，給人留下回味不盡的感受「盡脫團圓俗套」[27]。不過像《桃花扇》這樣以悲劇收場，在古典戲曲作品中是少之又少，因為「大團圓」幾乎已經成為古典戲曲作品固定的結尾模式，當然如果要探究這種模式生成的原因自是頭緒萬端，王國維就曾把它歸諸於是中國人樂觀的天性使然[28]，而傅謹更認為戲曲之所以稱其為

---

27 梁廷枏《藤花亭曲話》卷三：「《桃花扇》以〈餘韻〉折作結，曲終人杳，江上峰青，留有餘不盡之意於煙波縹緲間，盡脫團圓俗套。乃顧天石改作《南桃花扇》，使生旦當場團圓，雖其排場可快一時之耳目，然較之原作，孰劣孰優，識者自能辨之。」，頁 271。收錄於《中國古典戲曲論著集成》冊八，北京：中國戲劇出版社，1959。

28 王國維在《紅樓夢評論》中論述悲劇的美學價值時，曾表示：「吾國人之精神，世間的也，樂天的也。故代表其精神之戲曲小說，無往而不著此樂天之色彩，始於悲者終於歡，始於離者終於合，始於困者終於亨，非是而欲厭閱者之心難矣。」此文收錄於《晚清文學叢鈔》之《小說戲曲研究卷》，頁 112。台北：新文豐出版公司，1989。

戲曲，「大團圓」是一項不可或缺的審美元素[29]。然而我們以《曲話》中對於孔氏這種悲劇式結尾的認同來看，似乎劇論家們也已有擺脫「大團圓」這種模式的認知和反省。

四、結　語

梁廷枏的業師李黼平爲《藤花亭曲話》所作的序中曾提到此書的一個特點爲「是書亦間論律，而終以文爲主」[30]，一般論者往往將「以文論曲」做爲本書的缺點。正如同李漁批評金聖嘆評本《西廂記》，肯定金氏評本深得文字之三昧，但卻認定此乃「文人把玩之《西廂》」而不是適合優人搬弄之《西廂》。但是如果以古典戲曲敘事理論的發展角度來看，如果沒有金聖嘆的評點，那麼戲曲敘事理論應該是無法成其體系的，因爲正是金氏這種以「文」爲基點的思考方式，爲古典戲曲的批評角度開了一扇新窗。而梁廷枏的《藤花亭曲話》中雖然許多地方的確是由「文詞」的賞析來品評戲曲作品，但他在《曲話》中所展現對於戲曲「文理」的講求，亦即戲

29　傅氏在《戲曲美學》中指出：「從戲曲中的『大團圓』看，多數戲曲作品，在表現人與人、人與命運之間的鬥爭時，都趨向於尋找一個簡單化的結局，像戲曲這樣一種始終以各種悲情爲主要表現對象的藝術類型，有這樣的結局與沒有這樣的結局，顯然大不一樣。當作品有這樣的結局時，戲曲的基調就從純粹的悲情後退了，戲劇衝突的力度、戲曲所表現的歷史事件的深沉與凝重，也同樣被淡化了。戲曲也因之更像是戲曲，而不至於離開中國人在特定的心理素質基礎上形成的欣賞習慣。在某種意義上說，『大團圓』本身就是戲曲的審美特徵不可分割的組成部份。」頁142。台北：文津出版社，1995。

30　梁廷枏《藤花亭曲話》卷三，頁237。收錄於《中國古典戲曲論著集成》冊八，北京：中國戲劇出版社，1959。

曲敘事理論的概念，其實已經十分明顯。以這一個層次上來看，梁廷楠的《藤花亭曲話》在晚清的古典曲論中，不啻為一本獨具特色的批評作品。雖然他並不像金聖嘆明白標舉了各種對敘事觀點的章法，但在傳統印象式的評論體式下，《藤花亭曲話》中的戲曲敘事理論雖不成體系，但其中所包含的敘事質素亦是十分多樣化的。

實踐與評論篇

劇本（一）：

暗　　詭

── 疑心病患 Club

《京探號》演出本

開　場

Kusoman 帶領觀眾就位，並搭訕觀眾藉以融合氣氛。

【現代新式婚禮】

（新郎新娘分兩邊走向前）

Kusoman：今天你們來到疑心病患 club，在全體觀眾面前結爲夫婦。夫婦的愛情是神聖的，婚姻的責任是重大的，現在我以疑心病患的名義，請你們鄭重表明自己的意願。

（向新郎）你是否願意娶新娘，無論安樂困苦、老弱貧窮，你都愛護她、尊重她、信任她，直到永永遠遠？

新郎：我願意

Kusoman：（向新娘）你是否願意嫁給新郎，無論安樂困苦、老弱貧窮，你都愛護他、尊重他、信任他，直到永永

遠遠？

新娘：我願意

kusoman：好的，現在我正式宣布，在眾人的見證下，奉疑心病患的名，宣佈你們成爲夫妻，阿彌陀佛阿拉阿們。（下音樂，新人退場）

Kusoman：歡迎大家來到疑心病患 club，參加這場婚禮。相信他們從步上紅毯的這一端開始，他們的人生將會充滿了喜悅、快樂、歡欣、美好和光明 —— 。

今天這對新人爲了要感謝大家的熱心參與，特別請大家在這個充滿喜悅的日子裡，在這個舒適慵懶，燈光美氣氛佳的環境來欣賞戲劇的演出，接下來就請大家靜心的觀賞，也謝謝大家蒞臨本疑心病患 club，期待各位再次的光臨，謝謝！感恩啦！

【觀眾區燈漸暗，古代表演區燈亮】
（羅敷轉身）

羅敷：

（白）奴家，羅敷。

配夫秋胡，往楚國求官，一去二十餘載，杳無音信。

婆媳在家，採桑養蠶，清苦度日。

看今日天氣晴和，我不免到桑園採桑便了，出得門來，好天氣也 ——

【西皮慢板】

　　三月裡天氣正清朗，

　　手執著勾籃去採桑，

　　老婆婆兩鬢如霜降，

　　織布紡線奉養高堂。

（白）來此已是桑園，不免採桑便了。

（秋胡上）

秋胡：

（白）下官，姓秋名胡，字高強，乃魯國人氏。

官居楚國光祿寺大夫。只因離家日久，不知老母妻室二

十年來，如何度日？

為此辭王別駕，告歸故里，行了數日，離家不遠，我不

免速速趕行也。

【西皮流水】

　　秋胡打馬奔家鄉，

　　行人路上馬蹄忙。

　　坐立在雕鞍用目望，

　　見一位大嫂手攀桑。

　　前影好似羅敷女，

　　後影好似我妻房。

　　本當下馬將妻認，

（白）且慢

【西皮流水】

　錯認民妻罪非常。（停格）

Kusoman：

等一等（日文）！這一個秋胡，一出門就是二~~十年耶！你們不覺得很過份，二十幾年對老家不聞不問也真是夠了！還好他不是陳世美啦，故事不都是這樣，進京趕考中狀元，就會有公主啦宰相的女兒啦等著嫁他，通常結局會有兩種，（台語）就像斯斯有兩種一樣啦，一個不是男死就是女死，另一個就是 —— 嘿嘿！二女共事一夫！

嗯（流口水）—— 好好我喜歡，不過雖然他沒娶，二十年這兩個人的臉，應該從原來的緊繃繃變成鬆垮垮吧，你們現在幾歲？（問觀眾等回應）

想想看，你原來是張笑臉，二十年後就成了哭臉了吧！ㄟㄟㄟ！那個時候沒有坡尿酸ㄨ，他會不會已經不認得他老婆嘍？

秋胡：

（白）且住，看那旁桑園內的婦人，好似我妻羅敷模樣，本當向前相認，夫妻分別二十餘載，不甚真確，又恐錯認民妻，怎好貿然上前，這便怎麼處？

（想）有了，待我下馬問來，大嫂請了

羅氏：

（白）呀

【西皮流水】

　耳邊廂聽得人喧嚷，

　舉目抬頭看端詳。

　陽關大道無人往，

　見一客官在道旁。

（白）啊客官，敢是失迷路途？

秋胡：

（白）陽關大道，哪有迷失路途？乃是找名問姓的。

羅氏：

（白）但不知問的是哪一家呢

秋胡：

（白）此地有一秋胡，大嫂可知麼？

羅氏：

（白）呀，秋胡麼？他就住在前面，客官，問他則甚？

秋胡：

（白）我與秋胡有八拜之交，託我帶來萬金家書，故而動問。

羅氏：

【西皮流水】

　呀！聽罷言來心歡暢，

　背轉身來謝上蒼。

二十年前分別往，

今日才裡有這信回鄉。

（白）啊客官，我與他家相去不遠，你將書信交與奴家，我與他帶回就是。

秋胡：

（白）慢來，秋兄言道：書信要面交本人，

羅氏：

（白）若不是本人呢？

秋胡：

（白）原書帶回。

羅氏：

（白）這個？

你方才言道，與秋胡是八拜之交，可知他家中尚有何人？說得明白我情願放桑不採，帶你前去。

秋胡：

（背躬）喔呵呀！她倒是先疑心起我來了（停格）

Kusoman：

哎呀我跟你說，她會懷疑你也沒什麼不對，這麼多年你都沒管她耶！

老實說當年你走的時候，有沒有把存款簿（台語）留給她？沒有嘛！對不對？再說你一個中年男人找她搭訕，嘿嘿，我跟們你講很多男的看起來人模人樣，私底下很邪惡的呢！我看你還是取得她的信任比較好啦！

秋胡：

（白）嗯！待我言明於她！

大嫂，我與秋兄閒談之時，他曾言道，家中尚有孀居老
母在堂，今年已然六旬有餘（Kusoman：Bengo！），
他妻子名喚羅敷（Kusoman：Bengo！），
與秋兄分別二十餘載（Kusoman：Bengo！），
你看我說的是也不是？

羅氏：

（白）倒是實情

秋胡：

（白）看你與秋家應是相識，但不知你是秋兄什麼人？

羅氏：

（白）客官呀

【西皮快板】

客官不必問其詳，

奴與秋胡配鴛鴦。

奴本就是羅敷女

秋胡：

（白）大嫂因何到此？

羅氏：

【西皮快板】

只為家貧來采桑。

秋胡：

（白）噢 ──

【西皮快板】

聽她言來心歡暢，

果然我妻在田桑。（停格）

Kusoman：

嘿..確認了確認了，你這個老婆很正妹嘛，

噯，（台語）擺在家裏這麼久，很可惜耶，你不覺得這

麼多年她一個人 ── ？有沒有可疑？搞不好她早就劈

── ？ㄟ你看現在這裡都沒人勒，你要不要 test 一下？

跟她玩一玩，反正是自己人嘛！

阿？你們說好不好（問觀眾等回應）

好啦，我知道這 ── 你們尙愛看啦！

秋胡：

（白）噢！原來是嫂嫂在此（施禮）

羅氏：

（白）還禮，客官，本當請到舍下待茶，怎奈房屋窄小不

是待客之所，請將書信留下，他日丈夫回來，自當登門叩

謝。

秋胡：

（白）謝倒不用謝，只是卑人有幾句言語，不知當講不

當講。

羅氏：

（白）客官請講。

秋胡：

（白）如此大嫂聽了

羅敷：

（白）站遠些

秋胡：

【西皮導板】

秋胡他把良心喪，

羅氏：

（夾白）住了！

我夫君有無喪了良心，與你什麼相干。

【西皮原板】

他在那楚國配了鸞凰。

羅氏：（夾白）我卻不信

秋胡：

（我）勸他回家他不往，

羅氏：

（夾白）他終究是要回來的

秋胡：

撇下了大嫂守空房。

羅氏：

（夾白）我情願守得

秋胡：

你好比皓月空明亮，
【西皮二六】
你好比那明珠土內埋藏。
你好比鮮花無人賞，
卑人好比采花（的）郎。
桑園之內無人往
學一個織女配牛郎。

羅氏：
（白）唗！

【西皮快板】
客官說話欠思量，
胡言亂語罪非常。
不該把金蘭情義忘，
不該起下此心腸。
有書快把書呈上，
無書快快出田桑。
你若把倫常輕易放，
休怪我惡言罵一場！

秋胡：

【西皮快板】
大嫂錯把話來講
卑人言來（細）聽端詳：
男兒無妻家無主，
女子無夫房無梁。
桑園之內無人往，
學一個巫山仙女會襄王。

羅氏：

【西皮快板】
狂徒大膽忒無良，
奴本是清白人家女娘行。
你敢無義良心喪，
管教你披枷帶鎖無下場！

秋胡：

【西皮搖板】
好個貞節女娘行，
果然守節世無雙。
秋胡：
（白）哎呀，且住！

調戲了她半日，並不動半點春心，但不知她是真心還是假意？

有了，既不能動之以情，就誘之以利，我不免取出馬蹄金一錠，再來試她一試！

呀，大嫂，這裏有馬蹄金一錠，卑人只圖一時之歡樂，你意如何？

羅氏：
（白）住了！

【西皮快板】
任你使盡風流樣，
奴本是銅打鐵心腸。
低下頭來心暗想，

（白）有了。客官，那旁有人來了。
秋胡：
（白）在哪里？
Kusoman：
（台語）阿！糟了！有人來啦！
羅氏：
（白）在那裏！

【西皮搖板】
將身跳出這是非場。

秋胡：

【西皮搖板】
黃金不要抽身往，
果然秋胡好妻房，
清白堪配貞節坊。
策馬回家見高堂。

（白）這才是我秋胡的好妻子，哈哈哈！
【下字幕說明故事結局】
Kusoman：
厚！你還有臉笑勒，
（向觀眾）其實我剛剛搧風點火也不對啦，我也沒想到
他玩得那麼過份，吃人家豆腐不說還想要用錢買！很給
人家污辱呢，對不對？這個後果很嚴重歐，還好沒出人
命，大家都喜歡看看小熱鬧，對吧？
要不然水果日報會那麼暢銷？（拿日報道具出來）
生活太無聊了嘛！可是搞出人命就不好玩嘍！
不過我還知道另外有一對夫妻就是愛玩，結果 ── ？
你們看就知道啦！
（田氏上）
田氏：
（白）妾身，齊王之妹田氏之女，嫁予莊周為妻，
不想我夫一心向道，離家入山，撇下我獨守家中，
轉眼之間，已過數載，日子倒也平淡，

只是這相思之苦，好不磨煞人也。

【南梆子】
實指望嫁夫君終身有靠
莊子休輕別離竟把家拋
棄榮華斷名利潛心求道
全不顧婦人家我獨受煎熬
（鳥鳴）看鵲鳥意綢繆如漆似膠
不由人情繾綣心動神搖
（行弦。觀鳥，思春介）
思良人誰不想琴瑟諧調
可憐我守空閨珠淚暗拋（停格）

Kusoman：
你看看你看看，她一出場就跟前一個羅敷很不同歐！因
為一個是青衣一個是花旦嘛，青衣是貞節烈女，花旦通
常都愛恨分明嘍，不然你看她一出來就是相思之苦啦，
獨守空閨啦，所以厚—我看他不像是一個守得住的女人
呢！

田氏：
（白）唉，嘆了半日，也是枉然，夫君又何曾知道？
我且去至後房，小憩片刻，也就是了。
（移步至後場）

（莊周上）

莊周：

（白）卑人姓莊名周字子休，宋國蒙邑人也。

隱居山林，一心求道，轉眼不覺已過數載。

娶妻田氏，獨守家園，未知近日景況如何？

雖說悟道參理，心下尙且掛念，故而下山返家，探望一
回。不想途中，遇上一樁奇事，使我心有所感，自古言
道婦人水性，此番去至家中，我自有道理。

【西皮搖板】

夫妻們重相見毋需歡慶

人世間男和女有如聚萍

莊周：

（白）來此已是，待我叫門，開門來！

田氏：

（白）聞聽人聲喚，前堂急步趨。

是哪一個？

莊周：

（白）啊，夫人，是卑人回來了。

田氏：

（白）噢，竟是夫君回來了！

你稍後片時，待我梳妝打扮！

田氏：

（白）夫君你回來了

莊周：

（白）有勞夫人。

田氏：

（白）夫君離家數載，一向可好？

莊周：

（白）有勞夫人掛念，一切均好。

田氏：

（白）你倒是好，一去數年，了無音訊，撇下爲妻每日望眼欲穿，你卻從不以我爲念……

莊周：

（白）啊，夫人不要傷感，爲夫這不是回來了嗎（停格）

Kusoman：

唉，你這個老婆一見面就塞奈，弄得人骨頭都酥半邊啦！你不是剛剛說回家路上看到一件什麼奇怪的事，要不要說來聽聽？

快點快點我很好奇呢？

莊周：

（白）噢，有了！爲夫返家途中，遇上一樁奇巧的事兒，說與你聽可好？

田氏：

（白）什麼奇巧的事兒啊？

莊周：

（白）是我在荒原之上，遇見一個新寡女子

田氏：

（白）新寡女子？她一人孤身在荒原做甚？

莊周：

（白）她在那裡搧墳。

田氏：

（白）阿？搧墳？她搧的什麼墳哪？

莊周：

（白）她搧的是她丈夫的墳土。

田氏：

（白）她為何如此？

莊周：

（白）說來倒也有趣，搧乾了墳土，她要再嫁！

田氏：

（白）怎麼？她要再嫁麼！

莊周：

（白）是啊！她丈夫臨終遺言，若要再嫁，須等墳土乾了，故而她要快快的搧乾墳土，好去嫁人吶。

田氏：呀啐

【西皮流水】

聽言頓時心頭惱

這婦人三從四德腦後拋

把人倫綱常全忘了

她不顧廉恥喪節操

荒唐的事兒你休對我道

不由我一陣陣怒上心梢

莊周：

（白）啊夫人，不必動怒

你丈夫我不但未曾生氣，還助了她一臂之力呢

田氏：

（白）你是怎樣幫助於她

莊周：

（白）是我見她哭得可憐，助她三昧真火，將墳土搧乾，她便改嫁去了。

田氏：

（白）哎呀呀！夫君你怎可相助於她呀！（停格）

Kusoman：

嗯，真是大義凜然，義正詞嚴吶！

你們想想看，這個年頭像這樣的女人還有幾個？沒有了嘛！

不過？這真的是她心裡想的嗎？不要忘了，她剛剛不是還在空閨寂寞獨受煎熬嗎？

莊周呀莊周，你說婦人水性，又說回家自有道理，快點用出你的法寶來吧！

（莊周呻吟）

田氏：

（白）夫君，你怎麼樣了？

莊周：

（白）哎呀呀！我一時心疼起來了，

田氏：

（白）好端端如何就心疼起來？

莊周：

（白）唉，這幾載我出門在外，不知何故，竟害了心疼之症。夫人不要生氣，我也是見她可憐，才相幫於她。（取扇）哦，那婦人臨去之時，將這搧墳的扇兒，贈與卑人了，夫人，你可好好收起，日後也好使用呀。

田氏：

（白）我要它則甚？

莊周：

（白）卑人死後，你也好用這把扇兒與我搧墳吶！

田氏：呀呀唪

【西皮快板】

莊周話頭似利爪

竟把我與那淫婦一筆描

說什麼他死後我可再醮

丟棄了這扇兒餘怒不消（丟扇）

莊周：

（白）妳為何將扇兒丟棄了哇？

田氏：

（白）那淫婦用這扇兒搧墳改嫁，似這般不守婦道的女子之物，留它何用！

莊周：

（白）夫人吶，有道是責人易，責己難呀！

田氏：
（白）怎麼？聽夫君之言，難道我與那婦人一般薄情寡義麼？
莊周：夫人哪

【西皮散板】
參萬物多變化人生難料
我死後若再嫁莫等土焦
一霎時只覺得心痛如絞（疼痛）唉唷⋯⋯
看此番犯急症我命難逃。哎唷⋯⋯

田氏：
（白）夫君！你怎麼樣了？
莊周：
（白）夫人，此番我，我命休矣！
田氏：
（白）夫君，夫君，喂呀，夫君吶⋯⋯（停格）
Kusoman：哎呀哎呀哎呀死了耶！（上台拉拉莊周鬍子，搖搖莊周，下台）
裝得還真像，你們說他死了嗎？（問觀眾）如果真的死了就不好玩了啦，再說他不是說「我自有道理」（學莊周腔調）嗎？那就是說他的死 ── 可能是預謀！真相只有一個（學柯南），那就是 ── 他 ── 詐死！
啊老實告訴你們啦，莊周不過是用這種雕虫小技來測試

他老婆罷了，相傳莊周不是會法術嗎？所以他把自己化身成一個楚國的貴公子，長得英俊瀟灑，大概跟金城武一樣啦，好，他把自己化身成金城武 ── 不是不是！是楚公子 ── 來勾引他自己的老婆，厚！你們說無不無聊！年輕多金誰不愛呀！可憐那個田氏最後還是給勾走了啦，而且下場還很慘！

但是你們覺得這種測試公平嗎？會不會太過分了？不過厚 ── 在戲曲故事裡得疑心病的男人還不止他們兩個，我告訴你們，還有咧！

（王有道上）

王有道：

（白）卑人，王有道，寄居京華，不幸父母雙亡，家中只有小妹一人，娶妻孟氏，三人同住。

想我一心只望功名有成，今日科考剛畢，文章應對十分順心，眼看赴考也有不少時日，家中只有賢妹與妻子二人，心中實實掛念，我不免趕路返家去也。

王有道：

【西皮搖板】

寫罷了策論文風發逸興，

放彩牌喜孜孜出了龍門。

回家來與妻妹同敘歡慶，

穿大街過小巷來到家門。

王有道：

（白）待我叫門，開門來！（沒人應門）

（kuso 在表演區朝台上張望）

王有道（白）開門來！

Kusoman：（發覺沒人應門，面向觀眾解釋）

耶 —— 我們是小劇團，人手不夠啦！不然我來兼差一下
好了，導演！要記得給我加錢啊！

（換裝，披一件衣服，由後場門中走出來）

Kusoman：來啦，誰呀？（模仿女性嗓音說話）

王有道：

（白）是為兄回來了。（Kusoman 開門）

Kusoman：噢，是哥哥回來啦，哥哥請進

王有道：

（白）有勞賢妹，啊，賢妹，這些時日為兄外出赴考，
家中一切可好？

Kusoman：都好都好啦。

王有道：

（白）怎麼不見你嫂嫂前來應門？

Kusoman：嗯……嫂嫂呀！她身體不適，在後面休息呢。

王有道：

（白）身體不適？是怎麼樣了？

Kusoman：哥哥您別急，嫂嫂前日淋雨受了風寒，到今
天還沒好呢。

王有道：

（白）怎麼？淋雨受寒？莫非她出了家門不成？

Kusoman：是呀，前日清明節，親家母叫嫂嫂回家去掃
墓，本來要嫂嫂在家留住一晚，她不放心我一個人在

家，所以連夜就趕回來。

王有道：

（白）這也是爲嫂的本份。

Kusoman：可是走到半路，就遇上了大雨

王有道（白）既是遇雨，就該找個地方避雨才是，冒雨而行，成個什麼樣兒？

Kusoman：是呀，所以她就到附近的御碑亭避雨

王有道：

（白）噢 —— 御碑亭，倒也是個方便的所在。

Kusoman：可是偏偏無巧不巧，又來了個少年書生也趕到亭中避雨。

王有道：

（白）阿？少年書生 —— ？這孤男寡女多有不便，她就該走了出來才是啊

Kusoman：可是外頭雨下得那麼大，怎麼走啊

王有道：（白）後來怎麼樣了？

Kusoman：後來他們二人就在御碑亭中躲了一夜的雨，等到天明雨停這才進城回家。

王有道：

（白）啊？荒郊野外男女黈夜共處一亭，成何體統？

Kusoman：哥哥您別擔心，嫂嫂說那位少年書生是個君子，他從頭到尾目不斜視，謹守禮份，倒是個柳下惠呢！

王有道：

（白）什麼柳下惠？我卻不信！

Kusoman：是真的，她回來爲了此事，還特地做詩一首咧！

王有道：

（白）什麼詩句？念來我聽！

Kusoman：一宵雲雨正掀天，

　　　　　危坐碑亭不敢眠，

　　　　　深感重生柳下惠 ——

王有道：

（白）下一句呢？

Kusoman：下一句是我加的啦

王有道：（白）是哪一句？

Kusoman：天公配合好姻緣！

王有道：

（白）呀呀呸

Kusoman：幹嘛那麼激動？

【西皮散板】

　聽一言不由我火燒兩鬢，

　男與女共碑亭必有隱情。

　我待要打進去將她追問

Kusoman：啊不行啊！家暴是要進警察局的呀

王有道：

（夾白）哎呀不可呀！這樁事鬧起來我的臉面何存？

（白）且住！我若打了進去，四面皆知，我的臉面何在呀？

哎呀！這這這……（尋思）

唉，要我隱忍萬萬不能！這便如何是好？

有了！賢妹，取紙筆過來

Kusoman：你要做什麼？

王有道：

（白）不必多問，快去取來！

Kusoman：是

（準備紙筆拿上鋪好紙放好筆並把墨研好背躬向觀眾）

我看我還是先下場好了，我總覺得有一種不好的預感耶！

（換裝，由後場門出，轉回原來位置）

王有道：

【西皮倒板】

王有道提筆淚難忍，

【西皮原板】

實難捨夫妻兩離分。

本指望同偕直到老，

又誰知半途風波生。

非是我負心多薄幸，

實實難容下賤的人

御碑亭男女共躲雨，

其中曖昧事不明。

從此休妻任改姓，

割斷絲羅永分離。

寫罷休書打手印，

【西皮搖板】
密密封好叫她行。

王有道：
（白）夫人，你丈夫回來了，快來前堂相見！
（孟月華上）
孟月華：

【西皮散板】
忽聽前廳一聲喚
連忙起身接官人

（白）阿 —— 官人回來了，請恕為妻有病在身，未曾接
迎，此番科場可曾得意？
王有道：
（白）這科場麼倒也得意，不勞費心，適才聽賢妹說起
妳受了風寒，現在如何？
孟月華：
（白）尚未十分痊癒
王有道：
（白）噢，妳是因何受了風寒
孟月華：
（白）皆因淋雨所致
王有道：
（白）妳也忒意地不小心了，既然外出遇雨，就該尋個

地方避上一避才是。

孟月華：

（白）也曾尋到御碑亭中避雨

王有道：

（白）噢 ── 御碑亭 ── ？那時就是你一人在亭中麼

孟月華：

（白）這個 ── ？後來又有一書生前來躲避

王有道：

（白）有一書生 ── ？哼哼，我來問妳，妳與書生同亭避雨是什麼時刻？

孟月華：

（白）深夜時分？

王有道：

（白）深夜時分！哼哼哼哼哼！！

Kusoman：好了好了你別再笑了！你那個哼哼哼哼聽起來很陰險呢，你們不覺得他好像有什麼詭計？而且他剛剛還寫了一封休書歐，老婆跟人半夜在涼亭避雨，也沒什麼大不了的啦！可是你那樣笑，反而讓我覺得很恐怖耶，沒事亂亂笑，非奸即是盜！孟月華，我看妳要小心嘍！

孟月華：

（白）阿 ── 官人笑的什麼？

王有道：

（白）阿 ── 無有什麼，噢！我想起來了方才出場回來，遇見你家小廝來報，說妳母親身得重病，特來告知，眼

看時候不早，你就速速回去，看望母親去吧。

孟月華：

（白）哎呀，娘呀

【西皮散板】

忽聽母親身染病，

心內焦急如焚薪。

身如飛絮步難穩

王有道：

【西皮散板】

探望母親早速行，

這是旁人書和信，

親手交與爾娘親。

孟月華（白）是。

【西皮散板】

多謝夫君傳音訊，

去至家門問詳情

家中還望多多照應

王有道：

（夾白）是了

【西皮散板】

一路兼程自小心。

王有道：

（白）妳就快快去吧

孟月華

【西皮搖板】

前思後想神難定

但願蒼天保娘親。

（白）啊母親，女兒回來了！母親在哪裡？

Kusoman：厚！還是人手不夠，我再來軋一角好了。

Kusoman：是那個阿？

孟月華：

（白）女兒回來了，母親身體如何？

Kusoman：我身體很好呀！

孟月華：

（白）母親未曾得病嗎

Kusoman：嗳 —— 我哪有病！你看！

孟月華：

（白）未曾得病那就好了

Kusoman：看你急急忙忙回來，是怎麼回事？

孟月華：

（白）是你女婿適才出場回來，他說母親病重危急，叫

我速速回家探望。

Kusoman：這就奇了？

孟月華：

（白）為何如此？噢，我出門之時官人還曾託帶了一封
書信，要母親親自觀看。

Kusoman：拿來我看！

「瓜田李下各生嫌，雙雙碑亭一夜眠，七出之條親自犯
── 聽憑再醮永無言！王有道休妻孟月華，永斷絲羅，
手模為證。」

唉呀！這是一封休書啊！

（背躬：其實我早就知道了啦！）

孟月華：

（白）怎麼？待我看來。

孟月華：

（白）哎呀！

【西皮導板】

一見休書如刀絞，

（昏厥）（Kusoman：女兒醒來！）

（孟月華起身）

孟月華：喂呀！

Kusoman：究竟是為了什麼呀？

孟月華：

【西皮散板】

竟為歸家那一宵

Kusoman：那便怎樣？

孟月華：

行至途中風雨到

Kusoman：那就找個地方避一下嘛

碑亭避雨惹禍苗。

Kusoman：半途躲雨，怎麼會惹禍？

孟月華：

誰知又來一年少，

Kusoman：噢又來了個年輕人阿

孟月華：

兩下無言坐一宵。

清白可以對天表，

（哭）（哎呀兒的）娘阿，

【西皮搖板】

誰知他疑心起波濤。喂呀…

（哭下）（停格）

Kusoman：（把老旦衣服脫下，走下台來）

啊不演了不演了！要演京劇還真不簡單呢！但是要做古
代的女人，更不簡單啦！好不容易嫁一個老公，可是就
只是一再地被懷疑被測試，你們看，這三個女人不都是

如此？可是 —— 仔細想想，我們現在有沒有比較好咧？

【下投影幕播出預錄影片】

（全黑）（音效：掏鑰匙，開門，關門，走路，打開電視，娛樂節目音效）

（男人面部特寫）

男人：你又這麼晚回來？（電視音效）

女人：————（看電視）

男人：你看看現在幾點了？

女人：————（看電視）

男人：晚回來為什麼不打電話回來？打你手機又關機！

女人：————（看電視）

男人：你晚上跟誰在一起？

女人：————（看電視）

男人：（暴怒大吼）看著我！說話呀你！（電視音效關閉）

女人：我今天心情不好

男人：你心情不好？我在外面上班不累？我心情好？

女人：我很累！最近都在加班，你知道我的壓力多大嗎？做不好會被上面削耶！

男人：哼！誰知道你是不是真的在加班？

女人：你說什麼？

男人：我說誰知道你是不是真的在加班？

女人：你到底想說什麼啊？

男人：我覺得你外面有人！

女人：什麼？

男人：我覺得你不是去加班，你應該是跟什麼人在一起吧！

女人：你？！你給我說清楚，什麼叫我外面有人？

男人：你自己心裡明白！

女人：我不明白！我真是受夠了！這些年來，我每次晚回來你都給我臉色看，不是疑心東就是疑心西，好像我跟身邊每個男人都有一腿！

男人：我相我自己的感覺！我覺得你外面有人！

女人：是呀！你相信你自己，而且你也只會相信自己！除了自己你還相信過誰呀？

男人：哼

女人：懷疑我？那好！對，我跟外面的張三李四刀疤王五上床，我每天晚上都玩夠了才回來，怎麼，你滿意嗎？

男人：你！你說真的？

女人：哈哈（苦笑）你真相信？好！既然如此那我就做給你看！我不想每天都在陰影下過日子，王有道！告訴你，我再也忍不下去了！老娘不幹了！你就帶著你的疑心病下地獄算了！誰也救不了你！再見！

男人：──（停格）（音效拿鑰匙，走路，打開門，大聲摔門離去）

（全黑。停十秒，一句一句放字幕）

你還在看什麼？

還不走嗎？

我們的戲已經結束了！

你的戲呢？

才剛要開始吧……

寫成於 2007.11 月

京探號 2007 年演出《暗詭 —— 疑心病患 CLUB》海報

戲曲象限 2009 年演出《墜落之前 —— 罰子都》海報

劇本（二）：

墜落之前

── 罰 子 都

《戲曲象限》演出本

（風聲蕭瑟地）

（公孫子都背上，披頭，跣足，破面，殘衣）

（白）哈哈哈、呵呵呵、哦~呵呵哈哈哈~~~~

（白）他們說我，瘋 ── 了，我發了狂！我被鬼、鬼、鬼 ── 附了身！（疑心）誰？誰？啊？穎！考！叔！呵呵呵！他早已死了，在那伐許國的當下，被我一箭 ── 呵呵呵射穿了！

【北南呂宮】

【一枝花】

　想當初與他佔榮寵，

　不提防竟被奪主帥。

　他那裡意氣正風發，

　我這裡憤恨滿胸懷。

　我本是名將貴胎，

　怎能夠被他敗？

　　心一橫下殺手算他命乖，

　　暗地裡射冷箭一命休哉，

　　莫怪我公孫閼把你那殘生壞。

（白）射穿了他的心臟，心臟，汩汩地流出血來。

血、血、血染在了許國的城門之上，一片殷紅。

而如今蟲蟻早在享受他的眼窩，呵呵，那可真是個安樂之窩呢！你那片如簧之舌，還能開得出蓮花來嗎？

【北正宮調轉貨郎兒】

【一轉】

　　催動了蓮花弄巧，

　　為主上分憂解勞。

　　本當效廉頗相如博清標，

　　卻不該校場上顯技高。

　　爭輈車惹怒惱，

　　我怎肯屈折了那傲氣將你饒。

（白）我有罪！

如果嫉妒是一種罪，這一場心靈的瘟疫，一旦染上，終生不得痊癒。對於爭功，對於嫉妒，我不由自主，我無法抽身，又怎能抽身？那是一杯鴆酒！

呵呵，毒液來吧，進入我的血液中吧，要讓自己受苦、浸潤，啊 —— 伸展、漫延，從受苦中得到快活，一種沉浸在有毒汁液中的快活，呵呵呵！

【二轉】

　　我本是美英姿萬人稱羨，

　　身修偉那冠玉如面，

　　那孟軻也曾把我的俊名顯，

　　女兒每競追逐情狂顛，

　　不見我子都之美如無眼，

　　傾鄭國誰能比肩，

　　眾皆誇當世第一儇。

（白）我原是朵只見自己倒影的水仙，幽幽地在空谷中，自開自戀。可是我遇見了他 ── 他、他莊王主上。那是一輪和煦的日光，照進了水仙的影子，暖暖地將我包覆，在光中，那些庸脂俗粉算什麼？呵呵！不過是被我踩在腳下的殘花敗柳！紅橙黃綠，而我卻是那一抹最純潔的白。可是光的背面，竟是如此的黑暗而孤獨，失卻了至親之愛呵！

【三轉】

　　我主上雖然是那巨胄皇駕，

　　享不完富貴榮華，

　　卻怎將龍眉常鎖愁雲壓，

　　心中事難放下，

　　母弟情原是假，

　　申武姜棄他厭他，

　　共叔段欺他叛他，

俱本是一家，

相煎攻伐恩薄情寡，

縱便有萬般依戀呵也抹殺。

（白）唉，也是一個可憐的人兒呀！

那一個孳子之人，在孤獨怨憎中被餵養，被母弟視為多餘之人，他是個障礙，自該被剪除、割掉。而今，這個被詛咒的長子，在漫漫的厄夜之中，竟然開出花來！這一朵黑色的惡之花，卻當了王，堂堂的鄭莊公在鄢地，結束了段的性命。但是，從他那無愛無光的眸中，竟看見了我，我，公孫子都 —— 獨一無二，我的俊美灼傷了世人懞昧無神的雙眼，而主上看見了我…

【四轉】

那君王看承得似重寶一樣，

鎮日裡高擎在掌，

執弓箭我子都世無雙，

卻又有絕豔色勝紅妝。

從此上意馳情蕩宵偎晝傍，

直教得那官家捨不得放不下那半刻心兒上。

入了巫山，

做了襄王，

美甘甘寫不了風流帳，

行廝並坐廝雙，

嘆只嘆夜短晝長，

博得個知心同傍情歡暢。

（白）我無罪！

純粹地愛一個人有罪嗎？他知我解我，當今世人，誰能如我才貌雙全？再也沒有了，再也不會有了，我是主上的唯一，我愛主上的心是無罪的。在光中，就再也不見光外的黑暗，從此我不再俯看自己的倒影，只有仰望向上。我願意為了主上四處征戰，用盡每一分氣力，每一滴血汗，我並不想由戰役中抽身，殺殺殺，為了這面愛的大纛，就用我的血來祭旗吧！

【五轉】

主上呵！

子都我願為了那知音獻祭，

從此後把情債來抬，

水仙兒永為主上開，

皇室內疆場外，

椿椿事都只為博主上歡愛。

願為你親赴沙場穿甲著鎧，

願為你拓疆土除敵害，

願為你解危消難去厄災，

願為你顯龍威名揚四海，

願為你拋卻性命把身埋，

願為你捐此身血染長階。

從今後不畏死不戀生，

但願君王解了皺眉愁雲永掃笑開懷。

（白）我是功臣之後 ──

我戰功彪炳 ──

我獨一無二 ──

我有的只是勇往直前 ──

我要被永遠的看見，佔滿主上的眼，永遠，永遠，永遠，少一刻一分一秒都不行！可是你、你、你，穎考叔卻現身在主上眼眸的餘光之中，趁虛而入，奪去了原本屬於我的帥印！這帥印是我父南征北剿所掙呀！你是何人？一個假藉孝名裝腔作勢賣弄小智殷勤獻策的豎 ──子！我的光不再完整，黑影、黑影、黑影！即使一個小黑點，我也要把他除去！白玉不能有瑕！穎考叔，你不該出現在我的光中，你要主帥，你要爭功，你要先入許城！呵呵！去啊！我在你的身後啊…

【六轉】

喔呵呀 ──

但只見車轔轔大軍軸轤，

耳邊廂撲鼕鼕漁陽戰鼓，

待爭先擁擁磲磲擾擾攘攘莽軍夫，

破城門急急煎煎奪大纛，

猛然間喧喧嗉嗉呼呼突突倉倉卒卒蜂蜂湧湧奪了許都，

我這裡滿滿弓弓射出箭鏃。

又只見密密匝匝的兵，

驚驚恐恐的護，

鬧鬧吵吵剚剚轟轟四下喧呼，

那鮮血淋淋漓漓飛飛濺濺一湧而出，

霎時間結果了一個狡狡獪獪搶功奪權穎考叔。

（白）我有罪呵！

我的罪是因為深陷情中，不能自拔，我所做的一切，都只為了一個原因，我生了病，被這病折磨的苦呀 —— 主上，唯有你前來的時刻，才能得到治療，但我並不想被治癒，病讓我的知覺鮮活，我有生命，其他的人算什麼呢？心機的小人，除了賣乖弄巧，矯揉造作，對！他為你解決了母親的難題，解開了那句誓言的魔咒，不到黃泉不相見呵！黃泉 —— 您會到黃泉來來來尋我嗎？

【七轉】

當此生夜闌燈滅，

獨個兒黃泉路涉，

半世英杰為君絕，

子規夜啼行不得也。

千行淚是百般的不捨，

一坏土是斷腸墓穴，

縱有萬言向誰說。

主上你可會來尋我耶？

莫讓我抱悲怨的孤魂，

只伴著嗚咽咽的鵑聲啼夜月。

（白）那就讓我自我懲罰吧！

黃泉是我受罰的地方，

既然他 —— 已找上了我，呵呵來吧！我會接受你的報復，畢竟我結束了你的生命，不，誰能定我的罪，主上，你能嗎？你忍心嗎？我無法再為您效力了，當您知道真相時會是什麼表情？怨恨嗎？惋惜嗎？還是冷漠的調頭離去？您放了我，在我最混亂的時刻。也好，光明怎能被陰暗沾染，就讓眾人一直仰望那光亮吧，我將悄悄的、悄悄的退去。

哼哼！

我已經是個死囚，你們誰能監禁我？

誰？

誰也不能！

只有我自己監禁了我自己。

放心吧，生命對我已然不值一提 ——

呵哈哈！這個故事是我的！

你們？

不過是一群二流的配角！！！

【尾聲】

問世間成敗是非誰來論斷？

問世間情愛怨憎誰能道完？

我將這考叔喪命城樓攀，

願把命來還，願還把情來還，

罷了！

盡此生無怨無悔把世俗功過來笑看。

（嗚咽地）呵呵呵哈哈哈哈……

（墜樓）

寫成於 2009 年 11 月

附：作者題詞

新觀點　看傳統

編導　侯雲舒

　　於二〇〇九年創團的《戲曲象限》，希望以新觀點看傳統做為創作的宗旨，創團新作《墜落之前－罰子都》，以高度的思辯態度及深層挖掘的方式，求索於傳統文本，採用了傳統京劇武戲《伐子都》為主塑題材，卻以崑劇婉轉細膩的特質來重新建構這齣原本以武生深厚功底見長的老武戲，轉而呈現子都內在幽微的心靈摹寫；使一個在舞台上陽剛氣十足的大武生 ── 子都，以介乎生、旦之間的模糊行當面貌出現；使一個連亞聖孟子，都盛讚：「至於子都，天下莫不知其姣也，不知子都之姣者，無目者也。」的美男，呈現出一種陰性的、內在的、柔軟的、易感的、自傷自囈的，甚至是陰鬱的黑暗面貌。藉此，希望構築出一種非敘事性的戲曲劇場。大膽說出我們對於這個一直以來在傳統武戲中被定義為暗箭傷人的負面形象人物，另一種不同以往的詮釋角度：子都他（她）也是有血有肉，有愛有恨，有天真有邪惡，有深情有嫉妒，為了拿到他（她）想要的一切，不惜任何手段攫取，他（她）是一個真實存在的「人」，只是這個「人」被內心的黑暗所囚，被慾望所囚，甚至被愛所囚，從此無法逃出這個牢籠 ── 他

（她）是一個自我的囚徒，永遠無法被寬貸與釋放。

　　詩經中曾有一段文字：「山有扶蘇，隰有荷華，不見子都，乃見狂且。」這是子都最早出現於文學之中的記載，在這裡他是一個被渴望著的「完美情人」。以京劇的演出版本來看，故事情節大致如下：

> 鄭莊公欲興兵討伐許國，先在國內舉行祭天之禮，並樹立特製大軍旗，詔告眾將士，若有人能舉起這面旗子，揮舞走動如常，便能封帥，並賜輅車給他。穎考叔拔得頭籌，率先試旗成功，正要獲封賞之時，公孫子都不服，與之相爭。就在兩人僵持不下，幸鄭莊公調解，封穎考叔與正帥，公孫子都為副帥，兩人共同伐許國。穎考叔率先攻下城池時，公孫子都隨後趕至，趁進城之際，暗發一箭，將穎考叔射死，領軍進城，冒奪軍功。

> 班師回朝的公孫子都，一路行來總覺得心神不寧，恍惚中好像看到了穎考叔的鬼魂，待他上了金殿面君之時，精神狀況再也受不了壓迫，穎考叔猶如索命而來，子都疑似被穎考叔鬼魂附身，瘋顛驚狂，最終說出事情真相，躍下城門，墜樓身亡。

　　但是《戲曲象限》的《墜落之前－罰子都》詮釋，將以一個切片的方式，來摹寫子都在墜樓前決定死亡的心靈景像，撤去道德倫理的意識形態及「善－惡」二元論的分類法則，透過文本的重建與重塑，對於子都這個人物，呈現更多面向的描述，把炫技的肢體卸去，並且將「故事」這個元素拋開，放大子都內向的自我對話，以一種極限音樂

（Minimalism Music）式的迴圈思路，轉向深沉的、內省的，甚至自虐的抒情摹寫，在「無路可出」的思辯反詰中，進行自我內在的殘酷挖掘，在情緒的陷溺中，不斷反芻自殘並擴大渲染，完全揚棄線性描述，循著心靈的幽暗閨巷，呈現子都以血來澆灌所開出的這朵黑色惡之華。

評論：

眾聲喧嘩後的迷惑與寂寥

─ 評《劉青提的地獄》

　　2008 年的歲暮，十二月十四日午後，我帶著一顆迷惑的心離開國家戲劇院實驗劇場，在觀賞了台灣豫劇團《劉青提的地獄》之後。我的迷惑來自兩個不同的方面，其一，這齣戲想要呈顯的根本問題為何？其二，在《劉青提的地獄》中，到底「實驗」了什麼？

一、目蓮故事主體性的架空

　　先由第二個疑問談起，《劉青提的地獄》一劇以實驗豫劇之姿入選兩廳院 2008 新點子劇展中的三個劇碼之一，「劉青提」這個名詞，對於不熟悉佛教的觀眾來說，乍聞可能不知道所指何人，但如果進一步找出劉青提的故事來源，就可知道原來她是大名鼎鼎的目蓮（目犍蓮）之母，目蓮為釋迦牟尼佛重要弟子之一，以其法力神通，穿越地獄，救出受苦的母親，完成大孝。在目蓮救母的故事系譜中，向來以目蓮為敘事中心，而在民俗活動中，「目連戲」往往是盂蘭盆節（中元節）

的重要儀式項目。「目連戲」的演出，帶有許多民間儺戲的元素，人們經由儀式劇的參與，達到淨化的目的。最早記錄目連戲的資料，是北宋孟元老所著之《東京夢華錄》，其中卷八有〈中元節〉：

> 七月十五日中元節，先數日，市井賣冥器、靴鞋、襆頭、帽子…。以紙糊架子盤遊出賣…及印賣《尊勝目連經》。又以竹竿斫成三腳，高三五尺，上織燈窩之狀，謂之「盂蘭盆」，掛搭衣服冥錢在上焚之。构肆樂人自過七夕，便般《目連救母》雜劇，直至十五日止，觀者增倍。……設大會，焚錢山，祭軍陣亡歿，設孤魂之道場。[1]

此外，敦煌變文寫本中，有《大目犍連變文》、《大目連變文》和《大目連緣起》；元末則有《目蓮救母出離地獄昇天》。到了明代，戲曲家鄭之珍著有傳奇《目連救母勸善戲文》；而清代乾隆年間，張照參考鄭之珍《目連救母》，編撰了《勸善金科》二百四十集。目連戲的搬演，寓寄了民間驅魔除疫以求平安的願望，而其中也加入了許多特技及巫術的展現，例如明張岱《陶庵夢憶》曾記載目連戲的演出：

> 余蘊叔演武場搭一大臺，選徽州旌陽戲子，剽輕精悍，能相撲跌打者三四十人，搬演目蓮，凡三日三夜。四圍女臺百什座，戲子獻技臺上，如度索、舞絙、翻桌、翻梯、觔斗、蜻蜓、蹬罈、蹬臼、跳索、跳圈、竄火、竄劍之類，大非情理。凡天神、地祇、牛頭、

1　孟元老原著，鄧元誠註《東京夢華錄注》，頁 218-219。台北：世界書局，1963。

馬面、鬼母、喪門、夜叉、羅剎、鋸磨、鼎鑊、刀山、
寒冰、劍樹、森羅、鐵城、血澥，一似吳道子地獄變
相，為之費紙札者萬錢，人心惴惴，燈下面皆鬼色。
戲中套數，如招五方惡鬼，劉氏逃棚等劇，萬餘人齊
聲吶喊，熊太守謂是海寇卒至，驚起，差衙官偵問，
余叔自往復之乃安。[2]

　　這些特技及巫術的的表演，重點都不脫展示地獄之中種
種陰森恐怖的景象，目的在於勸世人應該誠心禮佛向善，方
能免於此境。由目連的故事及戲劇素材來看，劉青提充其量
不過是個負面教材的女性範例，她斥佛罵僧、縱逞慾望，以
致墮入地獄之中，故事的重心，在於目連排除萬難，拯救母
親，並發願「地獄不空，誓不成佛」的宏大胸懷。以此來看
《劉青提的地獄》卻發現主角由目連移轉至母親劉青提身
上，這個轉變展現了不同於以往的切入新視角，編劇劉慧芬
明白指出：

> 新編實驗劇《劉青提的地獄》擬跳脫上述傳統觀點，
> 自人性角度出發，審視、剖析、具現劉青提種種人性
> 的基本欲求，求之不得，情慾糾結，千思萬縷，日夜
> 縈繞，終於陷入「心靈地獄」中飽受折磨，無法超拔。
> 自此一層面切入，發現她不僅是宗教故事中的特殊人
> 物，更是芸芸眾生中的心性象徵。她對生活中種種欲
> 求之不足所產生的貪念，繼而因貪念不得饜足，嗔心
> 乍起，一任恣情縱逸，率性而為；同時，癡心所繫，

2　張岱《陶庵夢憶》，頁 78。台北：開明書局，1974。

　　　夢魂顛倒，埋下心靈苦痛根苗，劉青提的心念，豈非
　　俗人心中各種慾念之願想？紊亂情慾之發端？劉青
　　提也就是俗人心中懷揣著、難以清掃滅除的「人性」
　　象徵！[3]

　　編劇選擇了劉青提的心靈苦難爲焦點，顯示「劉青提」
只不過是個代名詞，她不僅指目連之母，對照現實之中，你
我以及芸芸眾生，只要是存有「我執」欲念的人，都是劉青
提，也都是陷溺「心靈地獄」的受難者。因此，在這裡「地
獄」已經脫離了目連戲中上刀山、下油鍋的血淋淋具體呈現，
進而提昇成爲一種形而上的「精神煉獄」。不過在《劉青提的
地獄》開場的形式中，編劇以及導演並沒有忘了目連戲原本
的儀式性，進入劇場後，四處可見用紅色投影所投射出的經
文[4]，舞台上出現兩組鬼卒，一組持鋼叉不斷掄轉，另一組則
以肢體及表情表現人在面對欲念的追逐中扭曲的面貌，木魚
聲交疊著電音，鬼卒們用現代舞蹈的方式勾勒出了另一種風
格的「儀式」型態。

　　然而，目連救母的完整故事內容，並沒有完全展現於本
劇之中，在將近兩個小時的演出當中，「劉青提」這個人物只
出現於頭尾部份，包括開場後眾鬼卒對於劉青提的追逐捉

3　劉慧芬〈「複調戲曲」的實驗 —— 以台灣豫劇《劉青提的地獄》爲例〉，
　　第七屆華文戲劇節學術研討會論文，2009。
4　經文內容如下：凡有所相，皆是虛妄。是諸眾生，無復我相、人相、
　　眾生相、壽者相，無法相，亦無非法相。是諸眾生，若心取相，則爲
　　著我、人、眾生、壽者；若取法相，即著我、人、眾生、壽者。何以
　　故？若取非法相，即著我、人、眾生、壽者。是故不應取法，不應取
　　非法。

拿，以及劇末當她被惡鬼拘提後的一段悲苦喟嘆的唱段。因此，「劉青提」只不過是本劇的一個「框架結構」，她的故事細節已被淡化，同樣的，「目連」這個角色，隨著敘事重心向劉青提的位移，份量更為削弱，因此，這兩個框架結構中的人物，頓時被編劇架空甚或是有意識的漠視了。即使劉青提在開場中的唱詞[5]，歷數她原本有心向佛，無奈夫死兒又棄養，使得她對佛法失去信心，才放棄修行，卻無法讓人對她寄予同情。原本目連以孝為基礎的救贖行動，到了本劇中，卻只呈現了一段非常疏離的唸白：

> 想我目連，雖已修得正果，觀照我母身受三毒六趣之苦，怎不叫我錐心泣血呀！咳！娘墮地獄罹災禍，重重苦難受折磨。一心苦，雙淚墮！愁腸百結淚婆娑！

舞台上，目連面無表情的站在長型表演區的一端，逕自唸誦著口白，與母親劉青提沒有交集也沒有情感的投射，由她身邊緩緩繞行下場，劉氏一段悲苦的唱詞：

> 非是我在陰曹心中生怨，我的兒修正果娘透辛酸。全不念十月懷胎苦分娩，全不念十年養兒母心憐。千呼萬喚去不轉，母子生離我珠淚漣漣。悔當初，在佛前，我勤添燈油禮恭敬。到如今，反落得，一身罪孽大如天。

在冷漠的目連印襯下，全然落空，因此，目連前面的「錐心泣血」、「愁腸百結」在這裡卻成了莫大的諷刺！

5　此段的唱詞如下：「一世人，空自忙，黃泉路，本無常，幽魂杳杳何處往，人間地獄兩渺茫。想當初我守齋戒崇佛經講，濟孤貧施功德造福四鄉。積善人無善報我的夫死兒又棄養，撇下我孤苦人獨守空堂。說甚麼皈佛門滅罪行功德難量，說甚麼墮地獄惡苦遍嚐。說甚麼佛有靈果報不爽，卻為何我功不計罪嚴懲法在何方？法在何方？」

二、古與今、傳統與現代對應的失落

而原本目連救母的故事結構，被置換成兩大區塊，一個區塊用傳統戲曲的情節加以連貫，另一個區塊則以現代舞台劇的形式來展現，在這兩個被置換的區塊中，又可以主題區分為親子、婆媳及夫妻三種不同的情節內容。

親子主題部份，採用了古加今的表現手法，古代故事以傳統京劇《天雷報》（又名青風亭）為題材，《青風亭》原為包公劇《打龍袍》中的一個小橋段，老夫妻張元秀及賀氏，拾獲一個孩兒，因二老無子，所以撫養此子取名張繼保，非常愛護勝於己出。但 13 歲那年，因繼保不讀書，張元秀責打，繼保跑至青風亭，巧遇生母薛氏，被其認去，繼保調頭與生母離去，再不顧念張氏二老。後繼保得中狀元，至青風亭，張元秀及賀氏跪求他收養，繼保不認，只以二百青錢遣發二人。賀氏及張元秀當場觸壁而死，天忽陰雲，大雨雷電，將繼保殛死。

編劇採用了這齣傳統老戲但重新改編，將原來的張繼保改為周繼保，張氏夫婦求其認回父母，周繼保自始至終都丈二和尚摸不著頭腦，在他出於同情心下給二老二百銅錢後，張氏夫婦碰死亭前，周繼保大驚，此時一陣雷電把周繼保打死。故事至此，觀眾如墮五里霧中，接著雷公電母穿著白色天使翅膀，以電玩裝扮風格上場，真相大白，原來電母失手把周繼保錯殺，發現失誤後，電母嬌嗔著說：「世上的事情，哪能都按著劇本走呀！不都是這樣亂七八糟的嗎？誰叫他們

自己想不開呢？錯了，就錯了唄！」用錯殺的方式重新改變了傳統劇本，但這裡卻產生了問題，原劇中對於不孝兒子的批判消失了，周繼保不過是天地不仁下的荒謬犧牲者，而張氏夫婦的泣血椎心呼天搶地，成了好笑的偏執狂，他們的死顯得荒誕而無意義！這樣的處理方式，把原劇高度的戲劇張力完全打破，雖然以世事的不盡合常理來定義，顛覆了傳統的人倫道德觀，卻顯得一腳踏空，不著邊際，如果我們硬要用荒誕劇場的方式來解釋這種處理方式，姑且說得過去。但綜觀全劇，只有青風亭採用荒誕式處理法，顯得這個段落與其他部份格格不入。

　　親子主題的現代呈現，採用了一般舞台劇的形式，以一個身為教育高層的父親面對兒子阿青成績不理想而生氣斥責，阿青氣憤離家的場景，帶出了普遍存在現代社會的教養問題，學歷至上的偏差觀念以及父母與子女溝通不良的親子危機。在舞台的表現上，青風亭中的老父張元秀，在現代版的阿青被斥，離家自己一人訴說著父親的豐功偉績以及他如何達不到被預期的期望時，張父跨越時空，在舞台上抱起一個小嬰孩，輕輕唱嘆著：「倘無此子，我二老還健在吧？」他把嬰孩放下，看著現代離家的兒子阿青，抬手欲摸摸他的臉，而後孤單的與阿青錯身下場。在場面的調度上頗見巧思，觀眾席對面兩邊牆面上播放著消音後的政論節目，名嘴們的猙獰面孔，成了強烈的反諷。但回歸到青風亭的改編問題上，張父此時的出現，即便有早知今日何必當初的悔恨，但卻又顯得有些師出無名。

　　接續親子主題之後，婆媳主題上場，採取先今後古、古

今交融的呈現方式，這個段落的現代部份，描述了一個八點檔常見的場景，婆婆在家獨自料理晚飯，媳婦下班回來，帶著疲憊的身心，還要幫忙婆婆整理家務，但她所獲得的不是讚賞感謝，而是冷言冷語的譏諷斥責。先生晚歸，面對妻子的情緒低落，既幫不上忙也無心幫忙，最後當然以爭執吵架收場。對照現代版婆媳關係的古代版本，以《孔雀東南飛》為鋪陳對象，《孔雀東南飛》作者不詳，全詩 340 多句，1700多字，是漢樂府民歌中最長的一首敘事詩，主要寫劉蘭芝嫁到焦家為焦母不容而被遣回娘家，兄逼其改嫁。新婚之夜，蘭芝投水自盡。從漢末到南朝，此詩在民間廣為流傳並不斷被加工，終成為漢代樂府民歌中最傑出的長篇敘事詩。針對這個材料，編劇只巧妙的選取了一個段落來呈現這個長篇故事，焦母責備蘭芝回娘家後遲歸一天，責罰她織絹一天一夜，焦母在旁監看，不覺黃昏，焦母責備蘭芝不點油燈，屋子昏暗，但點燈後怎麼也找不到合適的放燈位置，遂不斷責罵媳婦。見媳婦織絹不好加以責打，蘭芝請求仲卿將她遣歸，仲卿不允，焦母以其惑亂仲卿，命兒子休妻，焦、劉二人雙雙掛於樹枝自盡。用非常濃縮的方式，把故事重心聚焦在一個點上，言簡意賅，頗為凝鍊。在舞台呈現上，這個部份是古今交融最為成功的地方。例如，當焦仲卿上場，唱出「孔雀東南飛，五里一徘徊。夫妻長別離，生人作死別。」時，與劉蘭芝同時登場的還有之前所有穿著現代服裝的演員，環立在舞台四周，面無表情，成為一群冷酷的旁觀者。焦母斥責蘭芝時，這些演員則又化身成一股社會壓力，用大聲的斥責幫腔來展現群眾的道德鞭斥暴力。蘭芝四處找地方放燈時，

前段現代版的婆婆與媳婦也跟著她一起焦急無措的找尋放燈的位置，造成一種古今婆媳身份重疊互換但處境卻依然艱辛的說明辯證。

　　婆媳主題的後段，現代婆婆與焦母，同時面對了逼走(死)媳婦後的孤絕窘境，焦仲卿死了，焦母除了責罵兒子的無用無情，那張鋒利的嘴，再也無用武之地。而現代的婆婆，當媳婦出走、兒子成為陌路之後，也只能獨守著屋子，喃喃自語著落空的希望，就此劇來看，不論古今，婆媳的問題成為一個永遠無解的難題。

　　夫妻主題部份，呈現出古今男女對於情感的不確定性，現代版的夫妻關係，以丈夫及妻子同時外遇的題材，表現在聚少離多的狀況下，疏離的男女，各自為了情感找尋新的依託，但卻也彼此欺騙及背離。丈夫在台北與上海各有一個家，各有一個女主人，過著空中飛人的忙碌生活，只是兩個家也都並未栓住丈夫的心，兩個家中的女子到最後也都落了空。不過台北家中的妻子卻自行找了另外一個有家室的老師成為她的情人，形成夫妻同在一個屋簷下，卻各自表述的疏離關係。在舞台的呈現上，男性成為配角，妻子與情婦才是主要發聲的對象，她們分處於台北與上海，但卻在舞台上用著同一張桌子，說著大同小異甚至相同的台詞，分享著同一個男人，吞吐著同樣的苦境。情婦戴著鮮紅的假髮，抱著一個大力水手卜派的玩偶，印照著她自己之於那個男人，也不過如同一個美麗的玩偶般。她的說話對象除了電話就是卜派，沒有真實情感的對象，也沒有真實的「人」存在。情婦的台詞有時呈現真假音互換的方式，假音用戲曲的發聲方法，結合

起來讓人倍覺詭異，不過倒不失為一個有趣的呈現方式，如果這個方式能出現在全劇的其他段落之間，當另有一種傳統與現代對應的妙趣。

夫妻主題的古典題材方面，編劇選取了傳統京劇《烏龍院》中〈坐樓殺惜〉及〈活捉三郎〉兩個段落。所不同的是，在〈坐樓殺惜〉中，傳統京劇是以老生及潑辣旦唱作相互抗衡的對手戲，來表現閻婆惜如何一步步將宋江逼入絕境，進而殺了閻氏。本劇中的宋江，卻以現代男子的形象出現，著周潤發式的瀟灑長風衣，用傳統戲曲身段趕路上場。整個殺惜的過程中，宋江是無聲的，他只存身於一個大型投影幕後面，以一個陰影的方式來與投影幕前的閻惜姣演對手戲。男性的隱身與消音，成為夫妻主題部分的最大特色，用這樣的手段呈現殺惜，固然非常新穎巧妙，但卻大大減弱了原本老戲中男女間相互威逼的強大張力，這種舞台的呈現，使得閻惜姣的威逼變得十分單薄微弱，在兩人相互格鬥，閻氏氣力耗盡下，宋江用刀劃破投影幕，象徵閻惜姣被劃開的胸膛，宋江穿出幕來，拿起了閻氏手中之信，揚長而去。劃破布幕的當下，十分具有殺戮現場的血腥臨場感。但是，一個無言的宋江，使得他原本被逼上梁山（或被逼殺死閻氏）的那份無奈，卻被無情的閹割了。

至於〈活捉三郎〉的段落，閻惜姣死後演員不下場，當她成為鬼魂後，起身跨入了原先已被劃破的幕後（老實說，這個部份有一些突兀），用背光剪影的方式，在月下梳理秀髮，淒婉的唱出：「一縷芳魂幽冥去，心中難捨有情人。孤身獨赴黃泉路，癡情不滅尋夫君。」頗具有鬼片的陰森效果。

張三郎分別由二人扮演，一人演本尊，一人演張三郎的三魂七魄，手法也具有表現力。美中不足的是閻氏鬼魂同時與本尊及黑衣魂魄演索命的戲碼，造成觀看焦點的分歧與零亂，而黑衣魂魄在跌打翻撲的動作上，也並不是發揮的十分精彩，有時甚至身段動作有些空疏，反而可能沒有達到原先預期的舞台效果。整體看來，《烏龍院》的舞台處理在視覺上最為花俏新巧，但戲劇張力卻比原本傳統老戲失色不少，當然，這是傳統經典戲的無可取代處，卻也是新編傳統橋段時，所不得不面對的難處。

　　全劇重新置入的傳統戲曲及現代戲劇內容，至閻惜姣索命張文遠後告一段落，原先全劇所有角色接著重回場上，在紅色燈光籠罩下，同唱：

　　黑沉沉不見白晝，磣（臣，上聲）磕磕酷刑碟揉。

　　縮瑟瑟枷扛鎖扭，嗨！既死又被孽風吹，吹成一個活死囚！

　　判爺爺！十殿王！何不賜死無回也，也省罰罪無盡頭，無盡頭！

　　呈現出一片心靈煉獄的幽森景象，劉青提與目連重回場上，又重返開場時的框架結構中，劉青提的一段唱詞展現了身在心獄無法逃出的沉痛呼嚎[6]，這個時刻，她並不只是為了

6　唱詞為：「地獄血淚悲聲啜，人間心獄也折磨。撒天羅佈地網五毒刑備，銅鍊鎖、鐵棍敲、惡鬼不住喳喳叫，撲碌碌的猛扯緊推，疼殺殺的受刑千回。劉青提，落深淵，幽魂惝惝，孤身兒，被困在，黑城鐵圍。手凍足僵身飢餒，寒冰黑風刺刺吹。萬鈞石磨筋骨碎，千斤鐵柱血肉椎。歷酷刑，任身心，傷痕累累，只為這有情捲潮來，無情送潮歸，潮來潮去、情滅情生，生生滅滅，去去回回，把我挫骨又揚灰！」

己身而唱，也是爲了芸芸眾生代言。不過特別的是，目連此時依舊置身事外，他看著眾人，口誦：

> 世人有八萬四千塵勞，八萬四千塵勞，邪見障重，煩惱根深，只緣心迷，只緣心迷，不能自悟，不能自悟……

卻對受苦人們絲毫無所作爲！各種角色各種呼喊各種痛苦掙扎都無法打動他，當眾人搶下他手中木魚以求救援解脫時，目連只說了一句：「給我木魚，我要唸經！」成就了強大的反諷，因爲連他自己也都落入了形詮的表象束縛之中。難怪，《劉青提的地獄》中的目連不能救人，因爲他無法可救，他得先救救他自己！

三、敘事目的的無解

《劉青提的地獄》的敘事結構中，除了框架結構及置入結構外，還加入了後設結構，這個結構是緊貼著框架結構之中的，凡在劉青提出場後，必有飾演劉青提的演員蕭揚玲的現身，例如，開場劉青提正要被二小鬼捉拿時，二小鬼突然對眼前這個古裝女子的身份產生質疑，此時，蕭揚玲以演員本我的面目現身，告訴眾人，她不過是一個飾演劉青提的人，展現了戲曲劇場常見的疏離效果。同樣的，在收場結尾時，蕭揚玲及飾演目連的劉建華，當場脫下戲服，卸除了劇中角色，回歸本我，告訴觀眾戲已演完，但二人同時卻又開始質疑，誰是劇中人？誰又是劇外人？他們彼此又是什麼人呢？並以「你到底是誰？」的質問作結，這個質問除了是她們間

的互詰外，也是拋給觀眾一個自我詰問的空間。

　　至於化妝方面也很有特色，打破了傳統戲曲的化妝方法，改以半臉化戲曲妝，半臉化舞台妝的方式，給了演員們能自由進出傳統與現代腳色的方便之門。若以演員的表現層面來看，本劇給了演員一個很大的考驗，傳統戲曲演員表演區分行當，並以附著於行當中的固定程式來展現劇中腳色，但本劇每個場上的演員們都分別要飾演一個以上的人物，有傳統有現代，因此他們必須要游走在兩套表演模式當中，隨時出入及轉換。以演員蕭揚玲及鄭揚巍為例，蕭揚玲的演員及角色呈現為：劉青提→蕭揚玲→母親（現代親子）劉蘭芝→太太（現代夫妻）→劉青提→蕭揚玲；鄭揚巍的演員及角色呈現為：小鬼→兒子（現代親子）→焦母→張文遠→小鬼。編劇劉慧芬指出：

> 演員與腳色之間的關係，不再是「單一轉換」，改採「多層次轉換」形式，……腳色跨越幅度之大，本我與腳色關係變化頻繁，實為戲曲演員與角色扮演層次上，最大的突破與挑戰。[7]

　　對於一群從小接受戲曲身體訓練的演員而言，這樣多層次的扮演方式，實屬不易，也值得給予他們掌聲。

　　編劇曾將實驗豫劇《劉青提的地獄》定義成一種「複調戲曲」[8]，它有違於傳統戲曲「一元論」的敘事模式，由本劇使用

7　劉慧芬〈「複調戲曲」的實驗──以台灣豫劇《劉青提的地獄》為例〉，第七屆華文戲劇節學術研討會論文，2009。

8　關於這個觀點，請參照劉慧芬〈「複調戲曲」的實驗──以台灣豫劇《劉青提的地獄》為例〉，第七屆華文戲劇節學術研討會論文，2009。

了三種（或是四種）敘事結構來看，「複調戲曲」突破了「一元論」模式是沒錯，但以全劇事件的鋪排來看，《劉青提的地獄》其實並未同時擺脫傳統戲曲線性敘事模式的基本特質。

回到開始的第一個問題，也是令我迷惑的重點所在，《劉青提的地獄》雖然呈現了穿越古今，人生在世幾種不同層次的心獄圖像，但所謂的救贖在哪裡？破除心獄的方法是什麼？

> 生而為人，難為神聖，就是這樣的性與情，令人歡喜悲愁遍嚐、七情六慾熬煎！看著劉青提的苦，想著世人的苦，劉青提再一次提供了另類視覺轉換的闡述契機，跳脫傳統演述的慣例，與現代人展開心靈對話的可能性。人類心靈沉重的負荷，需要出路減輕壓力，但出路在哪？各類宗教、或各類的心理治療，都在替人類心靈尋找出口，但「劉青提」卻不易消滅，也難與「她」和平共處。自有人類以來，多將人之本性視為「洪水猛獸」，難以駕馭，藉著劉青提，現代人或可得著自我審視內在的一方明鏡，與深刻體悟的良好契機。[9]

雖然觀眾藉著劇場照見了己身，可是契機在哪裡？宗教既不能解決這個問題，人自身的力量又是如此的微弱，我們每一個人都可能陷入不同層次的牢籠之中，既無法他救，也不能自救。在古老的目連戲儀式中，眾生或可得到某種程度的淨化與洗滌，但在實驗豫劇《劉青提的地獄》的劇場中，卻只能沉淪陷溺！2008 年 12 月 14 日的午後，我帶著期望入場，卻背著迷惑與絕望，離開了或者進入了《劉青提的地獄》。

---

9 劉慧芬〈戒，思念 —— 劉青提的地獄〉，《傳藝雙月刊》，2008.12，第79 期。

附錄：

驚歎 ── 「京探號」！

國立中正大學中文系教授　王瓊玲

　　侯雲舒不喝酒，但我們是「杯底絕毋飼金魚」的夥伴；侯雲舒極豪邁，誰說男人才有「好漢剖腹來相見」的交情？

　　這位巾幗好漢，從不標榜她在戲臺下長大，看遍戲裏戲外的悲歡聚散；而且，從不炫耀她已逝的父親 ── 侯佑宗先生，是兩岸京劇界共同推崇的「一代鼓王」。

　　她聽戲、看戲、票戲、演戲、執執著著地愛著戲。

　　她讀戲、教戲、改編老戲、執導新戲、無可救藥地戀著戲。

　　現在，她更是挖空心思、掏盡荷包，創立了一個具有「古典幽雅」與「現代浪漫」的劇團 ──「京探號」。

　　「京探號」裏，宜古宜今、忽男忽女的演員，個個都是拼命三郎。

　　拼命三郎及巾幗好漢的「京探號」，在內政部需要一個住址，登記成一個「家」。於是，關渡淡水河畔，我和狗兒子相依為命的「眠書齋」，就成了公文的收發、轉寄站。

　　「京探號」就是「驚歎號」 ── 要用不同的人性，探索京劇的一切；也要用不同的京劇，探索人性的一切。

　　目的很簡單，就是要讓每一齣戲、每一顆心，都既驚又

歎、既歎又驚。

　　驚駭於 —— 老掉牙的京劇，竟然敢敲碎傳統的框架、捧爛人性的迷思。

　　贊歎於 —— 一個個粉墨登場的拼命三郎、一位位搬道具、扛戲服的癡傻義工，都有「雖九死，其猶未悔」的藝術熱忱；而那位又編又導、又畫又寫、公關兼打雜、「校長兼敲鐘」的巾幗好漢，胸口更藏有一把丈量人性的細尺、手裏握有一炬映照名利的烈燄。

　　爲理想拼命的人、爲藝術奮戰的事，最需要知音的喝采。

　　您知道嗎？即使每一場演出都滿座、每一張票都賣光，可憐的拼命三郎，也支領不到一毛薪水！而酷酷的巾幗好漢，還要認賠二十萬左右！

　　這群傻瓜兼笨蛋，對藝術真的瘋魔了，你有甚麼辦法？

　　走吧！讓我們進入劇場，去替巾幗好漢、拼命三郎及癡傻義工們加油打氣。

參考書目

一、專書：

孔尙任　1984　《桃花扇》，臺北：漢京文化事業有限公司。

毛聲山（評點）高明（原著）　1987　《第七才子書琵琶記》，
　　　臺北：文光圖書有限公司。

中國戲曲研究院（主編）　1959　《中國古典戲曲論著集成》，
　　　北京：中國戲劇出版社。

中國戲曲志上海卷編輯部　1986　《上海戲曲史料薈萃》，上
　　　海：中國戲曲志上海卷編輯部。

中國戲劇出版社編輯部　1982　《周信芳藝術評論集》，北京：
　　　中國戲劇出版社。

王季烈　1971　《螾廬曲談》，台北：商務印書館。

王永健　1995　《湯顯祖與明清傳奇研究》，台北：志一出版
　　　社。

王國維　1982　《王國維戲曲論著》，台北：純真出版社。

　　　1989　〈紅樓夢評論〉，《晚清文學叢鈔》之《小說
　　　戲曲研究卷》，台北：新文豐出版公司。

　　　1989　《人間詞話》，台北：開明書店。

王瓊玲　1988　《野叟曝言研究》，台北：學海出版社。

王瑷玲　1998　《明清傳奇名作人物刻劃之藝術性》，台北：
　　　中山學術文化基金會。

古本戲曲叢刊編刊委員會輯　1954《古本戲曲叢刊》，上海：
　　　上海商務印書館

李　贄　1984　《焚書，續焚書》，臺北：漢京文化事業有限
　　　公司。

李　漁　1990　《閒情偶寄》，台北：長安出版社。

呂　熊　1976　《女仙外史》，台北：天一出版社。

吳儀一　　《吳吳山三婦合評牡丹亭還魂記》，（同治庚午重刊
　　　清芬閣藏本）。

沈鴻鑫、何國棟　1996　《周信芳傳》，河北：教育出版社。

沈鴻鑫　2004　《梅蘭芳周信芳和京劇世界》，漢語大辭典出
　　　版社。

孟元老（原著），鄧元誠（註）　1963　《東京夢華錄注》，
　　　台北：世界書局。

金聖嘆　1978　《第七才子書琵琶記》，台北：文光圖書有限
　　　公司。

金聖嘆（批改）王實甫（原著）　1986《金聖嘆批本西廂記》，
　　　上海：古籍出版社。

　　　　1997　《第五才子書水滸傳》，光明日報出版社。

青木正兒　1969《清代文學批評史》，台灣：開明書店。

周妙中　1987　《清代戲曲史》，河南：中州古籍出版社。

周信芳　1984　《周信芳文集》，中國戲劇出版社。

洪　昇　1969　《長生殿》（吳舒鳧評本），臺北：文光圖書
　　　公司。

俞爲民、孫蓉蓉　1998　《中國古代戲曲理論史通論》，台北：華正書局。

侯雲舒　2001　《古典劇論中敘事理論研究》，國立清華大學中文研究所博士論文。

高　明　1978　《琵琶記》，台北：文光圖書有限公司。

秦學人、侯作卿（編）　1984　《中國古典編劇理論資料彙輯》，北京：中國戲劇出版社。

浦安迪　1996　《中國敘事學》，北京：北京大學出版社。

張　岱　1974　《陶庵夢憶》，台北：開明書局。

張隆溪　1986　《西方二十世紀文論述評》，香港：三聯書店。

陳　竹　1991　《明清言情劇作學史稿》，武昌：華中師範大學出版社。

陳繼儒（批點）張鳳翼（著）　1990　《紅拂記》（暖紅室彙刻傳奇影本），江蘇：廣陵古籍刻印社。

梁廷枏　1959　《藤花亭曲話》（收入《中國古典戲曲論著集成》冊八），北京：中國戲劇出版社。

馮夢龍　1993　《墨憨齋定本傳奇》，收入《馮夢龍全集》，江蘇：古籍出版社。

郭　瑞　1993　《金聖嘆小說理論與戲劇理論》，北京：中國文聯出版公司。

黃敏禎　1984　《我的公公麒麟童》，台北：大地出版社。

傅　謹　1995　《戲曲美學》，台北：文津出版社。

湯顯祖（著）　徐朔方（箋校）　1999　《湯顯祖全集》，北京：古籍出版社。

葛次江　1982　《周信芳藝術評論集》，北京：中國戲劇出版社。

1984 《周信芳文集》，中國戲劇出版社。

葉長海 1987 《中國戲劇學史稿》，台北：駱駝出版社。

趙山林 1995 《中國戲劇學通論》，合肥：安徽教育出版社。

楊家駱（主編） 1974 《歷代詩史長編二輯》，台北：鼎文書局。

楊 義 1997 《中國敘事學》，北京：人民出版社。

齊華森 1985 《曲論探勝》，華東：師範大學出版社。

漢寶德等 1989 《中國美學論集》，台北：南天書局。

蔡毅（編） 1989 《中國古典戲曲序跋彙編》，山東：齊魯書社。

鄭傳寅 1993 《中國戲曲文化概論》，湖北：武漢大學出版社。

譚 帆 1992 《金聖嘆與中國戲曲批評》，上海：華東師範大學出版社。

1993 《中國古典戲劇理論史》，自貢：中國社會科學出版社。

羅 鋼 1995 《敘事學導論》，昆明：雲南人民出版社。

EM.福斯特 2002 《小說面面觀》，中國對外翻譯出版公司。

喬納森・卡勒（著），盛寧（譯） 1991 《結構主義詩學》，北京： 中國社會科學出版社。

二、期刊論文：

吳子祥　2006　〈敘事成規：金聖嘆的"文法"理論〉，《河北學刊》第 26 卷第 5 期，頁 142-147。

林清奇　1988　〈中國戲曲與中國美學〉，《中華戲曲》第六輯，頁 208-222。

翁偶虹　1941　〈略記麒麟童之六本《文素臣》〉，《半月戲劇》第三卷 8-9 期，收錄於姜亞沙、陳湛綺主編《中國早期戲劇畫刊》，頁 444-447、469-470。北京：全國圖書館文獻縮微複製中心，2006。

楊旺生　2005　〈"儒家超人"文素臣 ── 神話建構及消解〉，《南京農業大學學報》（社會科學版）第 5 卷第 2 期，頁 88-93。

魯國琴　1941　〈重演四本文素臣觀感〉，《十日戲劇》三卷三期。收錄於姜亞沙、陳湛綺主編《中國早期戲劇畫刊》卷 30，頁 513。北京：全國圖書館文獻縮微複製中心，2006。

劉春堂　2005　〈金聖嘆敘事節奏論〉，《湖南城市學院學報》第 26 卷第 6 期，頁 23-23。

劉慧芬　2008　〈戒，思念 ── 劉青提的地獄〉，《傳藝雙月刊》，2008 年 12 月，第 79 期。

　　　　2009　〈「複調戲曲」的實驗 ── 以台灣豫劇《劉青提的地獄》為例〉，第七屆華文戲劇節學術研討會論文。